Hundsbua!

Schimpfen und fluchen
auf Bairisch

Langenscheidt

Autor: Nikolai Kinast, München
Lektorat: Martin Waller, Werkstatt München
Illustrationen: Florian Mitgutsch, München
Gestaltung und Umschlag: Arndt Knieper, München
Titelfoto: eStock Photo www.fotosearch.de
Fotos Innenteil: Jill Ferry Photography/Getty Images,
Paula Sierra/Getty Images, Wayne Hutchinson/AGStockUSA/
Science Photo Library, Anton Luhr/ Imagebroker/Corbis,
a9photo/Shutterstock

1. Auflage 2014 (1,04 – 2025)
© PONS Langenscheidt GmbH, Stöckachstraße 11,
70190 Stuttgart 2014
Alle Rechte vorbehalten
www.langenscheidt.com

Satz: Anja Dengler, Werkstatt München
Layout und technische Umsetzung: zweiband.media, Berlin
Illustrationen: zweiband.media, Berlin
Einbandgestaltung: DF Studio, Mariela Schwerdt
Coverillustration: zweiband.media, Berlin
Druck: Druckerei Publikum d.o.o

ISBN 978-3-12-563049-9

— Inhalt —

1 *Greizgruzzäfix saggramennd*   **6**
Wenn der Bayer sich gerade nicht leiden kann,
schimpft er mit sich selbst.
Auf da Wiesn   23

2 *Huanglummb, vareggds*   **30**
Machen die Dinge nicht, was der Bayer will,
beschimpft er sie so lange, bis sie klein beigeben.
Baggmas? Eine Begebenheit vor langer Zeit   46

3 *Edz hosdas glei beinand, du Glääzn*   **52**
Mit einem leibhaftigen Gegner, der passend
zurückgibt, fühlt sich der Bayer so richtig wohl.
Meascheina   76
Ein Verwünschungsklassiker   78

4 *Da Schorsche, de Dreegsau*   **80**
Zwei Bayern über einen Dritten – da gibt's beim
Lästern und Schimpfen kein Halten mehr.
Gibt es Grenzen?   99

5 *Bagaasch!*   **102**
Wenn sich alle gegen ihn verschworen haben, haut
es der Bayer halt der ganzen Bagage um die Ohren.
Stirbt das Bairische aus?   120

— Vorwort —

Weil das bairische Fluchen und esoterikferne Verwünschen so umfangreich und vielfältig ist wie in kaum einem anderen Dialekt – vor dem Wienerischen verneigen wir uns dabei ausdrücklich und tief! –, können wir es wagen: Wir setzen auf die vorhandene Fülle von Publikationen noch ein ganz allerliebstes Büchlein drauf. Wir packen es weder wissenschaftlich-lexikalisch an und auch nicht bierernst, noch wollen wir einen Anspruch auf Lückenlosigkeit erheben. Hier geht es ums Anschauliche, um Feinheiten und Nuancen in der praktischen Anwendung; um die vielen Arten von schöpferischen Fluch-, Schimpf- und Verwünschungskombinationen aus einem nahezu grenzenlosen, immer noch wachsenden Wörterfundus und die sie bedingenden Gemütsverfassungen bei den Ausführenden; um die Schärfung der Sinne auch von Nichtbayern, die – möglicherweise schon beim nächsten Volksfest – ein originäres Fluchgefüge nach dieser Lektüre besser als zuvor einordnen und richtig interpretieren können.

Am wichtigsten ist es uns aber, dass es einen Haufen zum Lachen gibt und dass man das Bücherl am besten nicht aus der Hand legen mag, ehe nicht die allerletzte Seite gelesen ist.

— Schreibweise/Aussprache —

Die Darstellung der Aussprache folgt einem möglichst genauen phonetischen Modell, das ohne lesehinderliche Sonderzeichen auskommt. Dabei gelten folgende Richtlinien:

– **Harte Konsonanten** werden zu ihren weichen Pendants mit Verdoppelung, also z. B. k /ck zu gg (Lackel = *Laggl*), p /pp zu bb (Pfaffendepp = *Bfaffndäbb*), t/tt zu d/dd (Teufelsvater = *Deifevadda*) usw. K am Wortanfang vor Vokalen bleibt k.
– **Vokale** erfahren ihre Dehnung nicht durch z. B. i-e, a-h, e-h usw., sondern durch Verdoppelung, also ii, aa, ee, je nach Aussprache. So wird dann ein Dreckhammel zum *Dreeghamme* (oder aber zum *Drägghammä* – was einen Unterschied in der Nachdrücklichkeit der Intention macht. Solcherlei wird weiter hinten im Buch behandelt.)
– Auch **Nasale** gibt es: *oa Oa, oa oanzlns* bedeutet „ein Ei, ein einzelnes". Weil dem ersten *oa* „ein" zugrunde liegt, also ein „n" vorkommt, und das zweite *Oa* vom Ei kommt, ist erst nasales *oa* (õa) und dann tiefes offenes *Oa* auszusprechen, *oa oanzlns* wegen „n" beide nasal. Zu vermeidender Fehler: *Oachkaddzlschwoaff* (Eichhörnchenschweif) auf keinen Fall nasalieren!

1
Greizgruzzäfix Saggramennd

Wenn der Bayer sich gerade nicht leiden kann, schimpft er mit sich selbst. Und beschwört den *Scheissdrrägg*!

Saggramennd Sakrament; einer der häufigsten „unheiligen" Fluchbausteine, umreißt ziemlich alles, was einem heilig sein sollte.

Gruzzä... Gruzze... Kruzi...; allgemeiner Wortbaustein: *Gruzzenäsn* (Kruzinase), *Gruzzäfimmfal* (Kruzifünferl) *Gruzzäbusn* (Kruziweiblichebrust), *Gruzzädüaggn* (Kruzitürken – siehe dazu auch die Anmerkung auf S. 21) u.v.m.

Greizgruzzäfix Kreuzkruzifix (= Kreuzkreuz); unverzichtbarer Standardfluch, vom prinzipiell Fluchfreudigen in allen Varianten mindestens dreißigmal am Tag zum Besten gegeben.

Greizgruzzäfix, oognoglda Kreuzkruzifix, angenagelter (meint keinen anderen als Gottes Sohn). Je nach Kirchentreue und Gottesdienstbeflissenheit der mithörenden Umgebung stellt diese Äußerung durchaus einen blasphemischen Fluch dar, der in einschlägigen, vornehmlich weiblichen Kreisen notfalls zu hektischen Bekreuzigungen und der kollektiven Befürchtung führen kann, der Ausführende werde kommenden Sonntag auf jeden Fall eine Menge zu beichten haben.

Luia! Verkürzung des lobpreisenden „Halleluja", sowohl in einen laufenden „Zefix-"Fluch einmontiert, wie auch alleinstehend als *Luia! Luia sog i!* (vgl. Ludwig Thoma, Ein Münchner im Himmel).

Heagod (Heaggodd, Haggodd) Herrgott; als Vorspänner für *Saggramennd* (S. 8) wie auch das weniger erschütternde *Heagods(Haggods)abbodäggn,* „Herrgottsapotheke" (S. 18), welches von aus tiefstem Wesen fluchscheuen Frauen gerne als harmloserer Ersatz genommen wird. Als *Haggoddzaa* (Herrgott auch) eingesetzt, wenn man eher unemotional, müde und lustlos irgendein Missgeschick zu kommentieren hat, das einem im Prinzip wurscht ist.

Himme Himmel; verstärkt Heagod als weiterer Vorspänner (*Himmeheaggodsaggramennd*).

Jessas Jesus; ist in der Kombination *Jessasmarianjosef* am gebräuchlichsten. Bevorzugt von Frauen, aus Männermund kaum zu vernehmen.

Deife Teufel; in Verbindung mit „Kreuz", also *Greizdeife,* Ausdruck des Ambivalent-Blasphemischen.

Gobbfadoore Von Gott ungehört, unerhört; gottverschwehörigt; andere denkbare Ableitung von „töricht". Steht in dieser Form als Ausruf allein – aber:

…, gobbfadoorads Von Gott ungehörtes, unerhörtes; beugbares nachgestelltes Attribut: *Greizognoglda, gobbfadoorada* – ans Kreuz geschlagener, von seinem Vater nicht gehörter, gottverlassener; antichristlich, subversiv auch: von Gott verblödeter …

Heaschaffd Herrschaft; am unverfänglichsten; für einen durch die Kirchenlehre restlos um sein Selbstwertgefühl gebrachten Armsündigen empfiehlt sich gleich *Heaschaffdszeiddn* (Herrschaftszeiten) – das ist der floskulöse Unsinn pur. Vielleicht ist dies genau deswegen einer der am häufigsten geäußerten „Schimpferer".

Sauviech Sauvieh; wie *Mistviech* gerne an unbotmäßige Objekte gerichtet, vom winzigsten Schräublein, das sich der Grobmotorik des Ausführenden widersetzt, bis hin zum *Buidogg* (Traktor), wenn der nicht anspringt. Allgemein gebräuchliche Anrede für Hund und Katze, wenn sie etwas zerrissen oder gefressen haben, was sie nicht durften; für Schwein

– Greizgruzzäfix Saggramennd –

Brunzkiwedaucha

und Rind, wenn sie Schwierigkeiten bei der Verfrachtung in Richtung Metzger machen (*du bläds Missbviech;* angewandte Dialektik: Weil das Tier sich klugerweise sträubt, ist es blöd). Seltener an Artgenossen des Ausführenden gerichtet, und wenn, dann vorzugsweise an solche des anderen Geschlechts.

Hoanox Hornochse; entweder hat der mit sich Hadernde Hörner aufgesetzt bekommen, und er führt es auf seine eigene Blind- und Blödheit zurück, oder er fühlt sich ohnehin von seiner missratenen Welt kastriert – dann nennt er sich so.

..., zweagada Zwergiger; vernachlässigbar in Haltung und Gesinnung, kleingeistig.

Dreegsau/Trräckckssauu Drecksau; fast alle außer dem Sprecher. In lichten Momenten der Selbsterkenntnis mag es ihm dämmern, dass sein „Ich" die größte *Dreegsau* ist. Als Eigenbeschimpfung folglich selten. Siehe auch S. 96.

..., hundsmisarawligs Hundsmiserabliges; gemein, verflucht, verschlagen.

Aufgschnaßbd

WENN DER BAYER SICH SELBST NICHT LEIDEN KANN

Der Bayer redet sich selbst fast immer mit „du" an – was bei einem weiteren Anwesenden zu Irritationen führen mag. Der muss guten Willens sein, Nachfolgendes oder Ähnliches nicht auf sich zu beziehen ... aber ... könnte vielleicht trotzdem sein ... Merken Sie? Es gehört das bedingungslose Vertrauen in den schäumenden Flucher her. Andernfalls liegt Ärger in der Luft, wenn es lautet: *„Wia ko ma bloos aso bläd, aso saubläd sei, du Dambfdäbb, du bräida, schaugamoi in Schbiagl, na siggsdas, du Brunzkiwedaucha, du greisliga, dassdi ned schammsd!"*[1]

---

[1] Übs.: Wie kann man nur so blöd, aber schon so saublöd sein, du Dampfdepp, du auf den Kopf gefallener, schau einmal in den Spiegel, dann siehst du es, du Pisseimertaucher, du hässlicher, dass du dich nicht schämst!

Möglicherweise hat der Ausführende seinen Heustadl angezündet und die Versicherung hat nicht gezahlt, sondern ihn im Gegenteil angezeigt, oder er hat sich einen bankrotten Ramschfonds aufschwatzen lassen, oder die Freundin hat ihn verlassen, und er führt das ausnahmsweise auf ein Fehlverhalten seinerseits zurück. Wahrscheinlich aber hat er vergessen, seinen Lottoschein mit den vielen Richtigen abzugeben.

Andere psychoelementare Ausgangslage: Der mit sich Unreine hockt in seinem Selbsthass stumm da, die allmählich zur Neige gehende Obstlerflasche vor der Nase, malmt hilflos mit Zähnen, die mühelos ein Gipfelkreuz zu Zahnstochern schreddern könnten, heulen tut er nicht, niemals, aber er zuckt und schluckt, mentalsuizidelt, und den Zeugen dauert er, weshalb dieser Mitfühlende ungelenk seine rissige Pranke auf den Buckel des mit sich Hadernden legt und sagt: *„Meiomei, wos hosdn, reed hoid, mia konnsdas doch song." – „Laasma bloos mei Rua, wos woassdn du, Dambfdäbb, bräida, du hosd do koaanung, schaugsdamoi in Schbiagl, na siggsdas ..."*

Spätestens jetzt kann der Zeuge sich angesprochen fühlen.

Foozndrumm, owagfoins Fotzbrocken, heruntergefallener; mögliche Äußerung in einer Situation, in der es dem Ausführenden gelingt, sowohl zu fluchen als auch im gleichen Atemzug – mehr aus Verlegenheit – eine lapidare Festellung zu treffen. Beispiel: Kaffeelöffel entglitten. Zwar weit und breit kein Schaden in Sicht, und jeder halbwegs kultivierte Mensch würde, wenn überhaupt, mit einem „hoppala" oder „huch" kommentieren.

    Merke jedoch: Die Kunst des Fluchens besteht in der Hauptsache darin, keine Gelegenheit dazu auszulassen. Weil aber vermittels *Foozndrumm* hier doch mit der Kanone auf einen Spatz geschossen wurde, mag es zu dem versöhnlichen Anhängsel *owagfoins* gekommen sein. Hinterher weiß der Ausführende in der Regel, dass er beim nächsten Mal wieder entschlossener parlieren muss. Oder zur Abwechslung einfach *amoi as Mei hoiddn* (einmal das Maul halten), *ween weida nix iis*.

***Hundsdrumm, glummbad**s* Hundebrocken, minderwertiger (*Hundsdrümmal* = stramm konsistenter Hundekot); in Kombination mit dem oben Erläuterten auch denkbar als *Hundsdrummfoozngummb, dafeids* (Hundsbrockenfotzgelump, verfaultes).

WORTKOMBINATIONEN

Wir basteln uns ein Schimpfwerts und schauen, ob es funktioniert. Wir nehmen dazu ein paar Wörter, ziemlich wahllos, sagen wir: *Dimmbfe, Sau, Bluad(s), bläd, brunz(n)*. Und jetzt probieren wir ein bisserl herum: *Bläddimmbfe, saubluadiga* … nein, nicht gut. *Bluadsbläda Saudimmbfe* … *Saudimmbfe, bluadsbläda* … wenig überzeugend, hm. *Brunzdimmbfe, saubläda* … sehr gewöhnlich … *Bluadsdimmbfe, brunzbläda* … schon besser … Geh, machens doch weiter, bis Sie das gefunden haben, was Ihnen am besten klingt! *Dimmbfe saubläda Bluadsbrunza? Bluadsbrunza, saudimmbfebläda?*

Beispiel: Wenn der Kaffeelöffel nach dem ersten Aufklauben gleich ein zweites Mal entglitten ist. Mit Cruise Missile auf Ameise gefeuert.

…, *dreggads* Dreckiges; schmutzig; auch im Sinn von „verkommen".

..., (luff)gsäichds (Luft)geselchtes, (luft)geräuchertes; im übertragenen Sinn dumm, geistig deutlich dehydriert.

..., dafeida Verfaulter; auch: noch unverschämter als *ausgschamda* (S. 18). Kann alles von „verreckt" bis „hinterhältig" bedeuten.

Sagglzemennd Sack Zement; Sublimierung von *Saggramennd* (S. 8) in dessen klanglicher Nachbarschaft (jeder weiß, was gemeint ist, aber beweise es erst einmal!), daher ebenfalls von Frauen bevorzugt).

Malefiz (Malefiddz) Malefiz; Verwünschtes; steht sowohl allein wie auch als Vorspänner für bösartig handelnd, übelwollend; *Malefiddzkeall, Malefiddzglummb, Malefiddzkaahe* usw.; oft am Fluchende zur Bekräftigung eingesetzt: *Greizdeife, malefiz*.

..., hinndakimfdigs Hinterkünftiges; verschlagen, (heim)tückisch.

..., ausgschamda Ausgeschämter; schamlos, unverschämt, sonderfrech.

Loamsoacha Leimpinkler; Blasenverschlossener, Verhinderter, Zähvonbegriffler.

varegg Verrecke = stirb; Kernimperativ mit „*varegg, du* (… *Saudäbb, Blädhamme* etc.)". Als Attribut (*vareggds;* verrecktes = gestorbenes, kaputtes, z. B. *Huanglummb, vareggds*) siehe S. 40.

Haggoddsabbodäggn Herrgottsapotheke. Das beinhaltet zwar die zweckentfremdete Herbeirufung des Unanrufbaren, ist also gewissermaßen missbräuchlich und daher prinzipiell frevelhaft, wird aber durch den weitgehend sinnfreien Zusatz „-apotheke" so weit entschärft, dass es den Herrn versöhnlich stimmt, und dem Fluchenden die Beichte erspart bleibt. Gleiche Absicht und Absolution übrigens bei *Greizgruzzäfimfmal* (Kreuzkruzifünfpfennig; mit „Cents" geht das gar nicht, weil das wären ja zehn Pfennig, und *Greizgruzzezeenal* hat wahrlich noch NIE auch nur ir-gend-wer je gehört!)

..., boanigs Knöchernes; sperrig, knochig, zäh, unangenehm hartnäckig; auch dürr, mager, asketisch, aus bayrischer Sicht einfach ungesund und daher verdächtig; bekräftigend für Hauptbezeichnungen wie *Luada, Missbviech, Säindandla* (Seelenhändler, vulgo Pfaffe, der mit *boaniga* geradezu savonarolahaft abschreckende Wirkung entfaltet).

hagl(hogl)buachan Hagel-/hainbuchenartig; von knorrig, sperrig, stur, über uneinsichtig, derb, unbeugsam reichen die Bedeutungsmöglichkeiten bis zum „hanebüchen" gleicher Provenienz. Kann anerkennend, aber auch abschätzig gemeint sein, je nachdem. Ein *Lianngbeiddl, hoglbuachana* zeichnet sich durch das dreiste, hartnäckige Beharren auf seiner noch so abwegigen Story aus.

..., bangada Bastardöser; von Bankert = unehelich zusammengeschlampt. Schimpft sich ein Bayer derart selbst, meint er es wahrlich ernst mit sich. *Du Bluadsdäbb, du bangada* an seine eigene Wenigkeit bedeutet so ziemlich das Maximum an Geringschätzung, das er sich überhaupt angedeihen lassen kann.

FLUCHEN FRAUEN ANDERS?

Geht man davon aus, dass auch in Bayern eine Frau gewöhnlich besser erzogen ist als ein Mann, kann man ganz allgemein feststellen:

Häufig tadelt die Frau den Mann, wenn der gewohnt deftig flucht *(„Vasindig di ned!" – „Do muas ma si ja da Sindn fiachdn"*[1]). Noch häufiger errötet die Frau, oder sie lehnt aufrichtig erbleichend schließlich blassempört ab, wenn man sie auffordert, jetzt einmal richtig zu fluchen, mit allem Drumrum. Unter „Verwünschungen" versteht die weibliche Mehrheit eher so mythisch-mystisches, hexisches, esoterisches Gemurmel. Für solcherlei ist das hier aber *de ganz foische Wiesn!*

---

[1] Übs.: Versündige dich nicht! – Da muss man ja die Sünde fürchten.

— Greizgruzzäfix Saggramennd —

Unter Zeugen kommt es meist zu „*Jessasmarianjosef!*" oder „*Heiiland!*" „*Heiimadland!*", „*Hundsglummb!*", „*Gruzzedüaggn, malefiz!*" (da kann sich die gute Katholikin mit der möglichen Herkunft *Kruze* von Kuruzzen[2] herausreden, und nicht von Kruzifix), wenn es um persönliche Missgeschicke geht. Auch das neuerzeitliche *Kuazzefiass* (kurze Füße) umschifft schlitzohrig das besser zu meidende „Kruzifix".

Bei Verwünschungen gegen andere oder mit Anderen über Dritte sieht es schon anders aus: Da hört man schon amal eine „*Sauamsl, bläde!*" (Schweineamsel, blöde), oder „*Dreeghamme, gscheada!*" (Dreckhammel, frecher/ordinärer) sowie „*des is a soichana Hundsfodd, a gsäichda!*" (das ist ein solcher Hundsfott, ein geräucherter), „*de gwammbade Blunzn, de voigfressne*" (die dickwanstige Blutwurst, die vollgefressene) und solcherlei mehr — es gibt auch bei normalerweise zurückhaltenderen „Damen" ein abrufbares Repertoire. Da wird nicht immer die feine Klinge

---

[2] Anm.: Kuruzzen, ein renitent protestantisches Ungarnvolk, das nicht davor zurückschreckte, sogar mit den Islamerertürken gemeinsame Sache gegen die Heilige Römische zu machen. Widerwärtig. Aus bayrischer Sicht.

geführt. Hat man halt ein bissl die Contenance verloren, nedwahr.

Ein weiter Weg ist es aber bis zu jenen wenigen Vorbildfrauen, die fürs Fluchen und Verwünschen bezahlt werden, ja von denen es geradezu erwartet wird: Was wäre ein Lästerabendprogramm mit Monika Gruber ohne gut komponiertes Kraftwort-Rondo!? Oder es kommt einem die unvergessene Ida Schumacher (*„Duidschdammfn"* [Markttrampel], *„Misdamsl, scheinheilige"* [Mistamsel, scheinheilige]) in den Sinn – die konnte wie keine andere das stinkordinäre bayrische Maulweib geben ... und, ah – die unvergleichliche Ruth Drexel, ein Vulkan! Am allerflüssigsten kann es womöglich die Gisela Schneeberger, aber es waren selten ihre Rollen ...

Fazit: Wenn Frauen sich unbeobachtet wähnen, fluchen sie wie die Kutscher.

Auf da Wiesn

Wir wollen nicht verabsäumen, den werten Lesern dieses Schandwerks ein paar Begriffe und Wendungen auf dem Weg zum Oktoberfest zu reichen, die sie gefahrlos zum besten geben können – wenn sie nicht die Falschen damit bedenken. Allen Aufrechten, die inzwischen einen großen Bogen um die Bavaria und den Schwurbel zu ihren Füßen machen, sei allerdings gesagt: Das folgend Abgehandelte geht auf gar keinen Fall in Straubing, auch nicht in Rosenheim, Miesbach, Dachau oder einem Volksfest sonstwo. In Garmisch schon, da verstehen es die Russen nicht.

Zurück auf die Theresienwiese. Wenn Sie austeilen wollen, halten Sie sich sicherheitshalber an eine australische oder italienische Gruppe, oder eine andere in ganz dämlicher Pseudo-Tracht.

Sollten Sie aber in die Defensive geraten, weil Sie ein paar der folgenden Konversationsempfehlungen von einem ausgekochteren Routinier zu hören bekommen, heißt es, Ruhe zu bewahren, keine Schlägerei anzuzetteln, so oft, wie es nur geht, „Prosit" und „Gemütlichkeit" zu brüllen – und niemals mit der eigenen Breze fingerzuhakeln!

Drachdnschnoin
Trachtenschnalle; *Drachdnbreiss* (Trachtenpreuße); *Diandlzuchdl* (Dirndlweib niederen Niveaus).

Gääds eam guad, deim Oaschgrandl?
Wie geht's deinem Arschgeweih? – Das kann man schon bringen, wenn man einer Person mit entsprechender Tätowierung am unteren Rücken ansichtig wird (aber erst nach ihrer dritten Maß).

Wosis – hosd an Guaglgrammbf?
Was ist, hast du einen Kehlenspasmus? – Wenn einer keinen anständigen Zug am Bier hat.

Sauwana Gneedlfriedhof
Ordentlicher Knödelfriedhof. – Je nachdem selbstkritisch bis selbstgefällig verwendet, begleitet von stolzem Klopfen auf die eigene Wampe, um ein Gespräch (eher Gebrüll) mit auffälligen *Zabbfn* (Zapfen; gleichförmig Dünne) am Tisch zu eröffnen; oder Kompliment an einen anderen, der dieses auch verdient.

— Auf da Wies'n —

Sauwana Gneedlfriedhof

— Auf da Wies'n —

Es seids ma fei sauwane Griaglwascha
Ihr seid ja feine Krügespüler (ihr seid ja noch ganz schön feucht hinter den Ohren). — Freundlich lächeln dabei, dann kann man sich damit auch an eine einheimische überhopfte Jugendgruppe wenden.

Maßdaischa
Oha, seien Sie vorsichtig, denn das wäre der Schankwirt selbst — und einen „Maßbescheißer" lässt der sich nicht ungestraft schimpfen.

Wos is, Moasda — gääd wos weida? Edz dauchsd an Bläschl noamoi in den Blemmbe, na kemma endle a neie Maß bschdäin.
Was ist jetzt, Meister, geht was weiter? Jetzt hängst du deine Zunge nochmal in das abgestandene Bier, und dann können wir uns endlich eine frische Maß bestellen. — Nur bei stiller Absprache über Synchron-Verzehr, ansonsten ist es eh wurscht.

I hob edz gnua vo dem Biislgrachal, i gä edza zum Obsdlaheisl — gääsd mid?
Mir reicht es jetzt mit der Pissbrühe, ich gehe jetzt zur Schnapsbude — kommst du mit?

— Auf da Wies'n —

Aaaa schbinnsdnadu Dummfgumme, duasd glei dei bläde Brezn aus meina Maß — des is do koa Heandl unisdees ebbaa Kafää?!
Ja spinnst denn du Dumpfgummi, nimm sofort deine blöde Breze aus meinem Bier — das ist doch kein Croissant und ist das vielleicht ein Kaffee?!

Griassde, du Schdreisslkuacha, du gaansrouda, wosis, deamma Fingahaggln mid deina Brezn?! Wenn i gwinn, na deafsde zuawemanndln, oida Abboridschinä, oda!
Grüß dich, du Streuselkuchen, du besonders geröteter, wie wär's, machen wir Fingerhakeln mit deiner Breze?! Wenn ich gewinne, dann darfst du dich hersetzen, alter Aborigine, okay! — Wenn der australische Wiesnbesucher auf diesen Schnorrertrick (der Verlierer muss das Bier bezahlen) hereinfällt, weil er darin einen alten bayrischen Traditionsritus wähnt, gehört es ihm nicht anders.

Fia dem seim Belle hams a ganze Sau duachn Woif draad unim Ofa brennd.
Um diesen Kopf zu formen, haben sie ein ganzes Schwein durch den Wolf gedreht und dann im Ofen gebrannt.

— **Auf da Wies'n** —

Oomrum a Heigeing, koan Oasch, unndrunnd Durach-Ballett.
Oberkörper Klappergestell, kein Hintern, und unten Krautstampfer. — *Weiwaleit* (Frauenspersonen) dieser Art bekommt man auf Beobachtungsposten unweigerlich vors Okular, ebenso die Folgende:

Schaugda de Gaudenoggal o — owa den faadn Schbridzbeiddl aufm Hois, den koos inda Gadrob obgem.
Schau dir diese Spielbutzen (Brüste) an — aber den langweiligen Botoxbeutel auf dem Hals (nämlich den Kopf), den kann sie an der Garderobe abgeben.

Omeiomei — bei dea hams awa sauwa bazzd: Zuzlschleich wia zwoa aufblazzde Dammfwiaschd.
Herrjeoje — bei der wurde aber echt gepfuscht: Saugschläuche (Lippen) wie zwei aufgeplatzte Dampfwürste. — Offensichtlich hat der Schönheitschirurg nicht das optimale Ergebnis erzielt.

I gä edz zum soacha — is wea dabei?
Ich gehe jetzt zur Getränkerückgabe (zum Pissoir) — geht jemand mit?

— Auf da Wies'n —

Deads eam a Zidronaschniddzl ins Mei, daasa schdaad is, dea Saukoobf, so blääd wiara dahearredd mid seim Sarras!
Steckt ihm einen Zitronenscheibe in das Maul, damit er still ist, der Schweinskopf, so dumm wie er daherredet in seinem Rausch!

Baasamoi auf, Schbääze, bisd so guad und hoidsd dein Soacha ind'Rinna nei, wennsbma scho beim Brunzn zuaschaung muasd, wei sunnsd dauchede midda Noosn eina!
Pass mal auf, Freundchen, wärst du so nett und zielst mit deinem Zipfel weiter in die Rinne, wenn du mir schon beim Pieseln zuschauen musst, weil ich dich sonst nämlich mit deiner Nase da hineinstecke!

2
Huanglummß, vareggds

Machen die Dinge nicht, was der Bayer will, beschimpft er sie so lange, bis sie klein beigeben. Wenn nicht, können sie erst recht was erleben.

Drumm Trumm, Klotz; jeder Gegenstand jedweden Formats. Übertragen auch: eine bis jede Menge. Die Bedeutung „Klotz" mit seinem trampeligen Wesen impliziert die Ungeschicklichkeit des Objekts, nicht die des fehlerhaft Ausführenden. *Bläds Drumm:* Mindestens „blöd" ist ein Trumm, wenn es sich gegen den Nutzer wendet. Ein zierlicher Reißnagel auf den man barfuß getreten ist, kriegt schmerzjaulend zu hören: *Du Saudrumm, du dreggads, du gobbfareggds Huandrumm!* (Du Schweineklotz, du dreckiger, du gottkaputtes Hurentrumm!) Nicht viel anders wird aber auch ein stattlicher Massivschrank bezeichnet, *dem seim* (bayr. Genitiv = dessen) Glas- und Steingutabteil der Ausführende soeben eine stolze Maßkrugneuerwerbung hinzugefügt hat, das fragliche Schrankbrett aber ansatz- und humorlos auf das darunter akkurat gestapelte Porzellan gekracht ist, und dieses wiederum ... Folge: *Dees hoizdrumm Glummb, des miisrawlege, des dreggadgnoglde, des hod da Deife gseng!* (Dieses holzklotzige Schrottteil, das elende, das minderwertig zusammengefügte, das hat der Teufel gesehen!)

Auch im übertragenen Sinn gibt es vielfältige Verwendungsmöglichkeiten, z. B.: *a Drummfäddznrausch* (ein gewaltiger Alkoholmissbrauch), *a sau-*

— Huanglumbb, vareggds —

wans Drumm Scheissdreeg, wos du vazäisd (ein solcher Mist, den du da redest). Oder, wenn etwa zur Feier der Feuerwehr Kartoffelsalat gebracht wird: *Des is fei a Moadsdrumm Kiwe, sogida* (Das ist aber ein Riesenkübel, bist du da sicher) *Dea wead scho zammbuddzd – des hannd oiss Drumm-Mannsbuida* (Der wird schon aufgegessen – das sind ja alles kräftige Männer)

Graffe Geraffel; allg. für Tand, Krempel *(fia mi is des koa Anndigwidääd, fia mi is des a oids Graffe)* [für mich ist das keine Antiquität, für mich ist das alter Kram], G. Polt in „Zoll hat Zukunft", aus „Fast wia im richtigen Leben"). Wird aber auch an Personengruppen gerichtet.

Glummb Gelump, schlechte Substanz, Minderwertiges; alles was nicht oder nur schlecht funktioniert. *Huanglummb* siehe S. 40.

Soach- Pisse, Piesel, Urin; damit kann man im direkten Dialog so gut wie alles versehen: z. B. *Soachbäda*, Pinkelpeter, für einen („inkontinent"-)inkonsequenten Opportunisten; *du Soachgruam*, jemand, über den echt jeder drüberschiffen kann; allg. abwertend.

(Soach-)Grachal (abgestandenes) Getränk, dubiose Flüssigkeit, quasi jedes Nicht-Bier; *des Soachgrachal kennds säiwa saffa!* (das Pissgesöff könnt ihr selber trinken!).

Bluad(s)- blutig(es), Dreck(s); im Sinne von: verdammt, versaut u. v. m.; Universal-Vorspänner für jedes Objekt und beinahe jedes Schimpfkonstrukt.

Blemmbe urspr.: abgestandenes Bier; *den Blemmbe kennds säiwa saffa! – Den Blemmbe koosd need dabrunnzn* (auf diese Plörre kannst du nicht mal aufs Pissoir).

…, älenndiggs Elendiges; bekräftigend für den miserablen Charakter eines widerspenstigen Objekts, aber auch eines Miststücks in Person.

Bammbal- Vorspänner für schlecht, klein, unförmig, nicht ernst zu nehmend; *Bammbalwiaddschafd* (kleine *Boazzn* – Kneipe, in der man schlecht speist und nachlässig bedient wird), *Bammbalschääsn* (nicht ernst zu nehmender fahrbarer Untersatz), *Bammbalglummb* (noch schlechter als eh schon ein *Glummb*).

— Huanglummb, vareggds —

Aufgschnaßbd

BAUER AN KUH

Ein Samstagnachmittag in der Pfingstzeit, sorgenfreie Vorsommerfrische auf einem Bauernhof im Oberland. Bauer und Bäuerin *midsammd de Kinda* sind auf einer Hochzeit, nur die Oma ist daheimgeblieben. Die (Milch-)Kuhherde – *as Muichviech* – grast auf dem ihr heute früh zugewiesenen Weidegrund.

Der Autor döst – *ruassld* – auf der Terrasse seiner Ferienwohnung, als plötzlich – *aufamoi* – Unruhe entsteht. Die Leitkuh fängt an, wild zu werden und herumzurennen und mit wehendem Euter ihre Herde aufzuwiegeln. Mehrere Tiere ziehen mit bei dieser Revolte, ein Zaunstück wird niedergetrampelt. Das Vieh bricht aus, zwar nicht gerade eine Stampede, aber immerhin. Eine Jungkuh nimmt die Gelegenheit wahr, einen Meter neben dem Liegestuhl des Urlaubsgastes die Zierblumen abzufressen, auf die sie wohl schon lange gespechtet hat. Aus der Nähe ein sehr großes Tier – der Stadtmensch zieht es vor, die Oma zu informieren.

— Huanglummb, vareggds —

Gemeinsam, und flankiert von einer gepfefferten Ansprache, gelingt es, die Tiere wieder zusammenzuscheuchen und in den Stall zu treiben.

Am Abend sind die Bauersleute zurück und erfahren sogleich von der Oma, was los war. Kurze Zeit später kommt der Herr des Hauses im *Schdoigwand, in greane Gummeschdiefe* und mit hochrotem Kopf unter dem Arbeitshut aus dem Stall, hat die Rädelsführerin am Strick und schleift sie förmlich auf die große Wiese. Da stehen sie nun, im milden Gegenlicht der hinter einen Vorberg sinkenden Sonne, und der Bauer ermahnt — eins zu eins protokolliert — sein Leittier:

„*Du bisd a soichana Misdhoofa*[1], *du Bluadskua du damische, du schoasblodade, du Kommunist, du Sauviech du ausgschamds — daasida ned d'Milli min Schdegga ausm Eidda hau, wenn i di dawisch du Saggramenndsblädssauviech, du haudigs — sowos vo vaandwoaddungslos. Ha?! Haa?! Hosbmi!! Grr — uzzää — fixx! Zäfixzemenndgreizgruzzäfix!*"[2]

---

[1] Anm.: *Misdhoofa* ist Mistkübel [-haf(f)en, -wanne], nicht Misthaufen (*Misdhaffa*)

— Huanglummb, vareggds —

Die Adressatin wirkte betreten und erwiderte nichts.

Der rebellische Aufstand einer Vertreterin der oberbayrisch-typischen Sorte hellbraun-weiß gescheckten Fleckviehs erscheint umso bemerkenswerter, als diese Rasse vor vielen Generationen aus dem Schweizerischen — und da hauptsächlich aus dem Emmental — „zu Fuß" über die Alpen nach Bayern eingewandert wurde. Woher nahm diese Kuh, *de eingdle nixois Kas im Bluad hom deafad* (eigentlich nichts als Käse im Blut haben dürfte), also bloß Tempo und Temperament eines iberischen Kampfstiers!?

---

[2] Übs.: Du bist ein solcher Mistkübel, du Blutskuh du durcheinanderne, du dünnpfiffige, du Kommunist, du Sautier du unverschämtes — [pass auf] dass ich dir nicht die Milch mit dem Stock aus dem Euter prügle, wenn ich dich erwische du Sakramentblödessauvieh, du hautiges [= unterernährtes] — sowas von verantwortungslos. Was?! Waass?! Hast du mich verstanden!! Krr — uzzi — fixx! Zifixzementkreuzkruzifix!

Rimviech Rindvieh; allg. für Depp, Idiot, verstärkt mit *damisch', bläds* (blödes) und *saubläds*. Auch unorganische Objekte können *Rimviecha* werden, wenn sie dumm im Weg herumstehen.

Huraseich/-soach, bluadiga Prostituiertenpisse, blutige; klingt schlimmer als es ist. Gern verwendete Ansage im Handwerk, wenn sich der Ausführende mit dem Dreikilohammer auf den Daumen geklopft hat, oder im Moment mit dem Schlagbohrer die Unterputz-Stromleitung anzapft, oder ihm der Zentnersack Zement (!) beim Hinauftragen im Treppenhaus in zwei Teile gerissen ist. Da tut es das unbedingt zutreffende *Sagglzemennd* natürlich hinten und vorne nicht. Das wäre kein Fluch, sondern eine überflüssige Feststellung, die andere am Geisteszustand des Ausführenden zweifeln ließe.

Kaddzn- Katzen-; Vor-, Mittel-, oder Schlusswortteil zu Kennzeichnung des Unzulänglichen: *Kaddzndreeg* (Katzendreck), *Bluadvodakaddz* (Blut von der Katze), *Bluadskaddznfuada* (Blutskatzenfutter) für minderwertiges, schlecht zubereitetes Essen, z. B. *flaxigs* (sehniges, zähes) Gulasch *inana Baggalsoß* (in einer „Instant"-Industriesoße).

— Huanglummb, vareggds —

Rimviech älenndiggs

WIE SICH DER BAYER DEM ANLASS ENTSPRECHEND HINEINSTEIGERT

Huanglummb (Hurengelump) Ein rohes Ei ist dem Ausführenden entglitten und auf dem leicht wischbaren Küchenboden zerschellt. Macht nix. Deppert halt. Grundsituation. Trocken und emotionslos kommentiert.

Huanglummb, vareggds Das Ei ist entweder auf den Teppich gefallen und/oder hat überdies den filzernen Hausschuh oder das Hosenbein des Ausführenden versaut. Das schafft schon erste Emotionen.

Huanglummb, vareggdszäfixbluadigs Das Ei ist im aufgeschlagenen Rezeptbuch (von der Oma in deutscher Schrift handverfasst, Erbstück) zerplatzt, und es war das letzte verfügbare Ei. Darüberhinaus wurden Teppich und Hose besudelt, und ein fetter Batzer ist im offen herumstehenden Würfelzuckerkacherl gelandet. Der Ausführende muss nun auch noch neue Eier kaufen gehen. Oder minimum die Nachbarn fragen, *obs villeichd oa Oa, oa oanzIns … oda glei zwoa … ebbfendöll?* Kein Wunder, dass langsam *a sauwane Wuad* aufkommt.

Huanglummb, vareggdszäfixbluadigsblädesaublädedreegsau Hier sind wir schon auf hohem Niveau, sowohl in der Verwünschung als auch im Anlass: Dem Ei ist widerfahren wie im Eintrag zuvor, zusätzlich hat der Ausführende beim missglücktem Auffangversuch die vorgeheizte Bratpfanne vom Herd gefegt und heißes Fett auf den Handrücken bekommen; zudem ist Sonntag, alle Läden sind zu und die Nachbarn weilen vierzehn Tage in Urlaub. Prost Mahlzeit.

Dass alles noch schlimmer und viel schlimmer kommen kann, liegt in der Natur der Sache — entsprechend sind auch der Länge, Heftigkeit und Wortwahl der Verwünschungen nach oben hin keine Grenzen gesetzt.

Eazz- Erz-, Arche-; hat keinen Zusammenhang mit (Eisen-)erz, sondern bezeichnet den „Ersten", „Führenden"; *Eazzdäbb* (vgl. S. 54), *Eazzglummb* (S. 33), *Eazzdreeg* (Erzdreck), *Eazzramme* (S. 56), *Eazzgloiffe* (S. 55), *Eazzblädesau* (Erzblödesau) etc. sind jeweils herausragende Vertreter ihrer Art. Auch vor dem ein oder anderen Attribut kann es zum Einsatz kommen: *Soachgraffe* (S. 33), *eazzvarreggds* oder *Jaa du Kaddznbluadsmodoor, du eazzgschdingada!* (Ja, du Katzenblutsmotor, du erzstinkender.)

Heenadreeg Hennen-/Hühnerkot; wer je in eine niedersächsische Massenfarm reingeschnuppert hat, der weiß, dass dieses beschaulich-hühnerbäurisch-bairische Fluchelement sooo schlimm nicht sein kann (zwei Dutzend Freilaufende). Das dürfen auch Kinder sagen. Aber nicht in Niedersachsen!

Moongschoas Magenfurz, also Rülpser, Kopperer; nicht nur personenbezogen: wenn technische Apparate wie Auto, Staubsauger, Fernseher, Kühlschrank, Küchenmaschine usw. verdächtige Geräusche machen, die nicht sein dürften, neigt manch ein nervöser Nutzer zur exemplarischen Beschwörung: *Zefixkisdn, edz gib a Rua middeine Moongschoas.*

— Huanglummb, vareggds —

Dahaude Grammfheena

— Huanglummb, vareggds —

GANS SCHEE ZACH

Ewig ist sie schon im Rohr, die Gans, und sie sollte nach küchentechnischem Ermessen längst so weit sein. Aber sie ist es nicht. Der Zubereiter, dem der Ruf vorauseilt, keiner kenne sich besser mit diesem Geflügel aus, wird nervös und spricht klare Worte, um das widerborstige Wesen in seinem holprigen Garprozess auf die rechte Spur zu bringen: *Sogamoi, du Bluadsanndn, du dafeide, koosd du ned oda wuisd du ned! Hob i dia wos doo oda wos! Hob i dia zuagredd oda need, du bläda Kormoran! Hams di mid Bedoonbräsl gfuadad oda wos! Dia hoaz i ei, des sogada, du Sauamsl du zaache.*[1] Worauf er dermaßen Ofenhitze zugibt, dass es

---

Übs.: [1] Sag mal, du Blutsente, du verfaulte, kannst du nicht oder willst du nicht! Habe ich dir vielleicht was angetan! Habe ich dir

raucht. Am Ende bei Tisch ist das Viech außen verbrannt, mittig zähfaserig und ums Gestell herum partiell blutig. *Du ghearadsd zruggenndwiggld und obdriem, du oide Heena* [2] lautet die finale Beurteilung, ehe aus den wenigen verwertbaren Teilen des vorgesehenen Festbratens karge *Gräsdl* (Gröstl) werden müssen.

Die geäußerten Schmähungen sind für eine gescheite Gans natürlich durch und durch inakzeptabel. Der diskriminierende Diminuitiv „Ente" wertet um drei bis fünf Federkleidergrößen ab, der Kormoran, seit seiner Rückkehr und artgeschützten Überhandnahme an den bayrischen Seen und Fischweihern, gilt schlicht als kriminell, ungenießbar sowieso, und eine Amsel, eine blöde, ja mei, gehört im Prinzip erdrosselt.

---

gut zugeredet oder etwa nicht, du blöder Kormoran! Haben sie dich mit Betonbröseln gefüttert oder wie! Dir werde ich einheizen, das sage ich dir, du Schweineamsel, du zähe.

[2] Dich sollte man zurückentwickeln und abtreiben, du alte Henne.

Baggmas?
Eine Begebenheit vor langer Zeit

Anno 1962 oder '63, als die Halbe in der Wirtschaft noch 60 Pfennige kostet, der Hackbraten mit hartem Ei drin samt *Kadoffeundamgmias* (Kartoffeln und Gemüse) 1 Mark 80, und die Bahnfahrt von München nach Lenggries für den Erwachsenen einfach 3 Mark 30: Im späten Sommerferienabschnitt August/September steht spätnachmittags ein Personenzug abfahrbereit am Endbahnhof im Isarwinkel. Die Dampflokomotive murmelt und zischt vor sich hin, in jedem der angehängten grünen, dreiachsigen Waggons warten mehrere Urlaubergruppen auf den Pfiff, der sie um 17 Uhr 48 fahrplanmäßig auf die Heimreise schicken soll. Man unterhält sich, nicht restlos glücklich, weil es drei Wochen durchgeregnet hat. Außer heute, da ist es wieder schön geworden. Aber der Urlaub ist leider vorbei. Im letzten Wagen beteiligt sind zwei Delegationen aus dem Ruhrpott zu je zwei Ehepaaren um die Mitte fünfzig, an die sechzig, und es warten Vater, Mutter und

— Baggmas? Eine Begebenheit vor langer Zeit —

achtjähriger Sohn aus München, wie man sie an Klang und Kleidung unschwer von den anderen unterscheiden kann. Irgendeiner aus den lautstärkeren Formationen schaut als Erster auf seine Armbanduhr, dann vergleicht man, dann steht ein anderer auf und schaut aus dem Fenster über den Bahnsteig zur Bahnhofsuhr. 17 Uhr 50. „Na, hoffenwa, dass' man bald losgeht hier – wir müssen schließlich auf unseren Anschlusszuch in München!" „Ja aba wüaklich!" „Iss imma wieda das gleiche hi-a in Baayan!" Über der weitgehenden Einigkeit seitens der Grüppchen aus Essen und Gelsenkirchen in Bezug auf die Unbillen, denen man eben ausgesetzt ist, wenn man im Urwald Ferien macht, vergeht ein weiteres Weilchen, so dass auch der Vater aus München aus dem Fenster schaut: Erstens 17 Uhr 57. Zweitens kein Zugführer, kein Lokomotivführer in Sicht. Hm.

Die Unruhe der Rheinländer wird lauter, man ergeht sich in wenig zweckdienlichen Äußerungen wie „Unmööchlich!" „unnichmaa ne Ansage" „wo mag denn der Fahrer bloß abgeblieben sein?" ... 18 Uhr 05.

Der Münchner sagt zu Frau und Kind *„I moan i woaß wois find, bleibds ihr do."* „Was hatta jesaachd?!" „Ich hab gesagt, ich geh jetzt und hol die." „Sie wissen das und sagen nichts?! Sindn Jemüüdsmensch, was! Na – da kommwa aba mit, was!"

— Baggmas? Eine Begebenheit vor langer Zeit —

Der Vater steigt aus und überquert den Bahnhofsvorplatz zielstrebig auf den „Floßwirt" zu, schließlich will auch er heute noch heim in die Hauptstadt. Ein paar der Flachlandtiroler, zwei Mann und die Frau des einen, folgen ihm auf dem Fuß. Da hocken sie, die drei Vermissten, am Gartentisch unter einer besonders prächtigen Kastanie, und sie genießen in vollen Zügen ihre „Hohenburger", diese besonders süffigen, aus der heimischen Schlossbrauerei, und soeben werden weitere drei Halbe heranspediert. Der Münchner geht beherzt an den Tisch, streckt seinen Arm mit Uhr und deutet drauf.

„*Woos! Ischowida soweid?*", [1] sagt der Lokführer, erkennbar an seinem Spezialkäppi, und sein in leger sitzender Uniform als Zugführer und Schaffner in Personalunion wirkender Kollege meint: „*Iischorächd – mia kemma glei!*". [2] Man hebt gegeneinander die Krüge und saugt beherzt und synchron.

Einer der fassungslosen Fern-Fahrer mischt sich ein: „Aba nu höörnse ma, Se sinn ja bötrunn-kön, Se trinken ja Alkohol, so wollense doch nich etwa auffe Lok!" – „*Gä – de boor Hoiwe – schdäidi nedaso oo,*

Übs.: [1] „Was – ist es schon wieder so weit?"
[2] „Ist schon gut – wir kommen gleich!"

— Baggmas? Eine Begebenheit vor langer Zeit —

dea faard aso vo säiwa, Schiene, aufm Gleis, vaschdässd!"[3] – „Man müsste Sie ja anzeigen! Alle!" – *"Jaa, na bleibsd hoid do."*[4] – „Wissense eingtlich, wieviel Verspätung Sie schon haben! Sie glauben donnich, dass unsa Feeanzuch auf Ihre Bimmelbahn wartet!" – *„Moomendd! Edz sogidawos du Koinschaufla, des sogsd du ned nomoi, nachad koosd zfuas gee."*[5] – „Also Kinners, wia sollten nu aba wiaklich, iss doch schon um viertel sieben", drängt die ‚Sie'. *„Eemdrum – drum faarma edz, soboid mia feadde san. Des griangma scho – vo Hoizkiachna bis Groshessloo faarda wia da Deife. Broost!"*[6] Das Trio vernichtet die Reste seiner Hellen. *„Woids no a Hoiwe?"*[7] fragt die aufmerksame Kellnerin verführerisch. „Kommt ja

---

[3] „Ach was – die paar Biere, stell dich nicht so an, der fährt sowieso von alleine, Schiene, auf dem Geleise, verstehst du!"

[4] „Ja, dann bleibst du eben da."

[5] „Moment, jetzt sage ich dir mal was, du Kohlenschaufler, das sagst du nicht noch einmal, weil du sonst nämlich zu Fuß gehen kannst."

[6] „Ebendarum, darum fahren wir jetzt, sobald wir fertig sind. Das bringen wir schon hin – von Holzkirchen bis Großhesselohe fährt der Zug wie der Teufel. Prost!"

[7] „Wollt ihr noch eine Halbe?"

— **Baggmas? Eine Begebenheit vor langer Zeit** —

garnich in Frage!" maßregelt ungefragt der Piefke. *"Jaa wosisdees! Reissda as Mei auf, da Ruaskooda ausda Gruam, dea zuaglaffane"*, wird der Lokomotivführer langsam ungehalten. *"Gä – loosn, Rudi – i gää scho amoi niwa, hobdses b'Maschin scho gschmiad?"*, beschwichtigt der Zugführer sachlich. *"Wenn se de Kadoffelädschn ned endschuidigd, na faar i ned!"*[8] bockt Rudi, *"d'Lok"*, ohne den nichts weitergeht. "Nu sinnse doch nich so emmfindlich! Maaine Jüüte!", geschaftelt die Ruhrmutti, und Rudi, überraschend reaktionsschnell: *"Duu bisd glei schdaad, du Grammfheena!"*, sowie zu seinem Heizer: *"Schorsch gäweida, huifma! Eigschiad is, oda?"*[9]

Worauf sich der gesamte Trupp vom Floßwirt gemessenen Schrittes fort über den Platz und auf den Zug zubewegt. 18 Uhr 19. Man nimmt wieder seine Plätze im Abteil ein, erklärt dem murrend verharrenden

---

[8] „Ja was ist das! Hat er eine große Klappe, der Rußkater aus dem Schacht, der zugelaufene" ... „Geh – lass ihn doch, Rudi – ich gehe schon mal rüber, habt ihr die Maschine schon geölt?" ... „Wenn sich das Kartoffelgesicht nicht entschuldigt, dann fahre ich nicht!"

[9] „Du bist sofort ruhig, du Krampfhenne!" ... „Georg, geh schon, hilf mir. Eingeheizt hast du, oder?" ...

— Baggmas? Eine Begebenheit vor langer Zeit —

Reisevolk drinnen, wie man gegenüber die Sache souverän geklärt hat. Nur der Münchner steht noch am Bahnsteig und beobachtet, wie der Rudi, auf den Schorsch gelehnt, seinem Führerstand zupendelt, jedoch beim Erstversuch das Treppenstangerl verfehlt, *mim Gwaff auf b'viadde Loadda schääwad* [10] und das schwarze, riesenhafte Ungetüm, das jetzt böser zischt, anfegt: *"Du Bluadsmaschin, du schlächde, Schorsch, wosiis, i muas do nauf … gä baashoidobachd wosd higlangsd, greizbianbaam … sooo – guadiss."* [11]

Der Vater folgt den dringenden Aufforderungen von Frau und Sohn, jetzt aber endlich einzusteigen. Der Schaffner dreht sein Scheiberl auf grün, wedelt, pfeift und entert mit Hohenburger Schwung den anrollenden Express. *"Soo – edza baggmas. Diiie Fahrscheine bitte …"* [12]

Trotz Rückenwindes wurde der Anschluss nach Nordrhein-Westfalen um ziemlich genau eine halbe Stunde verfehlt.

---

[10] mit der Fresse auf die vierte Sprosse knallt

[11] „Du Blutsmaschine, du schlechte, Georg, was ist, ich muss da rauf … geh pass halt auf wo du hingreifst, Kreuzbirnbaum … soo – jetzt ist es gut."

[12] „So – jetzt packen wirs. Die Fahrscheine, bitte."

3
Edz hosdas glei beinand, du Glääzn

Jetzt fühlt sich der Bayer erst richtig wohl:
Wenn er einen leibhaftigen Gegner hat.
Wenn der passend zurückgibt,
umso besser – dann fängt
der Kraftwortspaß erst richtig an.

— Edz hosdas glei beinand, du Glääzn —

Roozleffe Rotzlöffel; frecher Lausejunge; kann auch schon aus der Pubertät raus sein, und das Frech-Naseweise läuft noch immer.

Pfundhamme Pfundhammel, Halbkiloschafsbockkastrat; unsensibler Trampel, der körperlich wie seelisch kein Feingefühl kennt.

Hundsgribbe Hundskrüppel; frecher, vorlauter, unverschämter Jungmann. Man kann es ihm meist nur hinterherplärren, weil der Saukerl nach getaner Untat einfach zu schnell auf den Beinen ist – hätte man ihn in direkter Reichweite, womöglich an den Ohren, könnte man ihm handfester ein *edz baasamoi guad auf, du Hundsgribbe* zuraunen.

Däbb Depp; *Dabbdäbb* (Tappdepp, ungeschickter Depp), *Duindäbb* (Dullendepp, Depp mit Hau), *Dibbfedäbb* (Tüpferldepp, auf den Punkt gebrachter), *Diiwedäbb* (Dübeldepp, verbohrter Depp), *Dimmbfedäbb* (Dimpfeldepp, dumpforientierter Depp), *Doradadäbb* (schwerhöriger Depp), *Dammbfdäbb* (Dampfdepp, überpaceter Depp), *Dobbedäbb* (Doppeldepp), *Dobbedäbb, däbbada* (Dreifachdepp), *Dobbedäbbdäbb* (Vierfachdepp), *Däbbdraam-*

habbada (Depp, schlechtausgeschlafener), *Doagdäbb* (Teigdepp, amorpher Depp).

Soo – Luft holen und jetzt alle zu Lockerung flott nachsprechen: *DabbDäbbDuinDäbbDibbfeDäbbDiiweDäbbDimmfeDäbbDoradaDäbbDammbfDäbbDobbeDäbbDobbeDäbbDäbbadaDobbeDäbbDäbbDäbbDrammahbbadaDoagDäbb.* BRAVO!!

Das waren jetzt lediglich die alliterativen Varianten mit „D" – und weiter geht's: *Zibbfedäbb* (Zipfeldepp), *Zemennddäbb* (Zementdepp), *Zammagfegldadäbb* (schlampig erstellter Depp), *Zuchdldäbb* (mutterschweinhöriger Depp), *Zweagaldäbb* (unbedeutender Depp), *Zwiefedäbb* (Zwiebeldepp, Bei-dir-muss-man-weinen-so-blöder Depp) usw., usf.

Gloiffe nicht nur ein Depp, sondern auch ein besonders unmanierlicher, peinlicher, primitiver Blödian.

Seffdl, Semmfdl Saftler, Senfler; der eine sondert sehr dünnflüssiges Saftgeschwätz ab, der zweite solches von etwas zäherer Konsistenz; du *redsd an soichan Semmf dahea!* Im Prinzip verhalten sie sich sogar wie Saft und Senf – ja sie sind Saft und Senf! Wie doof und dick.

Schoasdromme Furztrommel; besonders im kontrollverlustigen Zustand des *Zamm(a)gsuffn*-Seins ein potentieller Feuerwerker der Flatulenzen, der arschlings Kanonenschläge wie Paukenhiebe, aber auch rektale, snare-drum-ähnliche Wirbel abzusondern vermag, die einem jeden gelernten Marschtrommler zur Ehre gereichten.

Ruam Rübe; meist in Zusammenhang: *gscheade Ruam;* meint eine sowohl in Handlungsweise als auch in Gesinnung weitgehend zum besseren formbare Person.

Ramme Ramme(l); meist in Verbindung mit *gscheada;* gern verwendet für einen Verkehrsrowdy, einen rücksichtslosen Vordrängler, Rambo halt.

Biffe Büffel, sturer Stier; in der Praxis ein dauerhaft roher oder auch nur ad hoc unaufmerksamer Trampel, der einem, wo man selbst schwer beladen sich müht, die Tür nicht aufhält, oder der rücksichtslos in die U-Bahn drängelt, ehe die Leute ausgestiegen sind. Angemessener lauter Kommentar: *Soogi dangschee, du Biffe!*

— Edz hosdas glei beinand, du Glääzn —

Zammgsuffane Schoasdromme

Aufgschnaßbd

RADL GEEGA BLEECHKIWE[1]

Jeden Tag passiert es unzählige Male: Ein Radfahrer wird auf dem Radweg von einem rechts abbiegenden Auto geschnitten und prallt eher harmlos auf. Im hochdeutschen Alltag wird kurz geschimpft, dann erkundigt sich der Autofahrer nach dem Schaden bei Radler und Rad, gibt Versicherungsnummer, fragt, ob Arzt vonnöten, weiß, dass er schuld ist und gibt sich folglich einigermaßen zerknirscht. Alles geht seinen Gang, notfalls Anwalt. So weit, so fad.

Treffen zwei Bayern alter Schule und mittleren Alters, also *gschdandne Maanna*, derart aufeinander, kann es zu Dialogabläufen wie dem folgenden kommen: Radler plärrt ansatzlos: *„Ja du Zäfixdäbb du Ramme du saubläda!"*[2], und tritt mit dem Haferlschuh in die Seitentür des Autos. Der *Auddla* steigt erbost aus und

---

Übs.: [1] Fahrrad versus Automobil

[2] „Ja du Zefixdepp du Rüpel du saublöder!"

— Edz hosdas glei beinand, du Glääzn —

plärrt noch lauter zurück: *"Ja schbinnsdnaduu ... Hoizdäbb, du Muhaggl, du Grischbal, i zoags da glei, immein Woong hausddu ned nei mid deine Driidling."* — *"Do hau i no vui meara nei, in dei Schäwakisdn, de windige, du Möada."* — *"Woswos, du Fuasfaara, wos wuisd!! Ha?!"* — *"Hoiddei Mei, du Modooandäbb, du Doagaff, wäichans Oaschlooch hod dia an Füraschein geem?"* — *"Säiwa Oaschlooch, du Oaschlooch"* — *"Wos?! Duu-u hoassd mi koa Oaschlooch, duu need, du Scheissdreeg."* — *"Säiwa, du Soacha, bloos weissda koa Auddo ned leisdn koost, du Soizlabb, du grattlada."* — *"A, gä, hoids Mei!"* — *"Zeaschd hoidsd du dei*[3]

---

[3] „Ja spinnst denn du ... Holzdepp, Grobian, Magersüchtiger, ich werd's dir zeigen, in mein Auto haust du nicht hinein mit deinen Tretern!" — „Da hau ich noch viel mehr hinein, in deine Schepperkiste, die schwächliche, du Mörder." — „Wiewas, du Fußfahrer, was willst du!! Was?!" — „Halt dein Maul, du Motorenidiot, du Teigaffe, welches Arschloch hat dir den Führerschein gegeben?" — „Selber Arschloch, du Arschloch!" — „Was? Du nennst mich nicht Arschloch, du nicht, du Scheißdreck." — „Selber, du Pisser, nur weil du dir kein Auto leisten kannst, du Salzlappen, du heruntergekommener." — „Ach was, halts Maul!" — „Erst hältst du dein Maul!"

— Edz hosdas glei beinand, du Glääzn —

Mei!" – *"Naa – duu, du Oofaäibaua!"* – *"…"* – *"…"* – *"Unezza? Und wea zoid edz mei Auddodia?"* – *"Ja, ii need – zoisd du villeichd mei Radl? Doo – schaug-das oo!"* – *"Gä, des bissl! Schmaambääda."*

Erschöpfte Denkpause, beide haben nicht vor, sich weiter zu verausgaben. Dann der Radler: *"Kumm – faar weida mid dein Kiwe!"* – *"Genau. Faarma weida. Bfiadde."* – *"Seawass."* – *"Hawedeere"*.[4]

Besteht eines anderen Tages in vergleichbarer Situation beim identischen Bayern-Paar Unlust, sich mehr als nötig zu äußern, hört sich die Unfallanalyse so an.

Radler: *"Öha. Des hobfei sauwa gschäwad."* („Hoppla. Das hat aber ordentlich gekracht.") Autofahrer bleibt sitzen, lässt rechte Seitenscheibe einen Spalt runterfahren, gerade soviel, dass es zur Verlautbarung reicht: *"Aa. Aamei."* (Ja. Kann man nichts machen.)

– „Nein duu, du Ofenölbauer (= illegal Heizöl tankender Diesellandwirt)" – „…" – „…" – „Und jetzt? Wer zahlt jetzt meine Autotür?" – „Ja, ich nicht – zahlst du vielleicht mein Fahrrad? Da, schau es dir an!" – „Geh, ist doch unerheblich, Übertreiber."

[4] „Komm, fahr weiter mit deinem Kübel!" – „Genau. Fahren wir weiter. Behüt dich." – „Servus." – „Habe die Ehre."

Hiasch Hirsch; meist in Verbindung mit *damischer;* nachdem ein Hirsch, zumal in der Brunft, nicht ganz bei Zwetschge ist, vielmehr blöd röhrt, und auch den Rest des Jahres nicht den Hellsten gibt, ist das ein klassisches Wort für einen unfreiwillig Komischen, Lächerlichen. Anders *da Bloozhiasch,* der Platzhirsch, bei dem es nur um die Brunft geht und sonst um gleich gar nichts.

Wiaschdl Würstchen; nicht ernstzunehmende, unwichtige Person, eigentlich zu unbedeutend, um sich näher mit ihr zu befassen, solange sie nicht im Weg rumsteht.

Luada Luder; durchtriebene weibliche Person, aber auch intelligent-intrigantes Weibsvieh (z. B. Hündin, die es – außer, wenn sie was von ihm will – an bedingungsloser Unterwürfigkeit dem Herrn und Meister gegenüber fehlen lässt, oder Kuh, die frech ihr Euter einzieht, wenn sie gemolken werden soll). Am häufigsten diversifiziert als *foisch'Luada* (falsches Luder), *Luada, vareggds* (S. 18), *Luada, misdigs* (S. 62) und *Luada, ausgschamds* (S. 18).

— Edz hosdas glei beinand, du Glääzn —

Schnoin Schnalle; Nutte – zumindest stöckelt sie so daher; will Geld, sobald sie zur Tür hereinkommt; *Woidschnoin* (Waldschnalle) ist die hintertupfingerische Ausgabe.

Hiambrandla Hirnzündler, im Hirn Angezündeter; nicht ganz zurechnungsfähig; ggf. einer mit für bayerische Standards nicht kompatiblen Ideen, Einfällen, Argumenten, Flausen.

misdig mistig; alles, was an Misthaufen erinnert; übelriechend, anrüchig, charakterlich nicht einwandfrei. Der potenziell positive Charakter eines Misthaufens in punkto Düngung, Fruchtbarkeit, Biogas usw. bleibt außen vor. Es zählt das Hier und Jetzt, und das stinkt unbarmherzig.

Maddz, hinndafoddzige Miststück, berechnendes; Aas; nur für Frauen verwendet. *Maddz* mit hellem, breitem „a": Da fließen rund 10 bis 20 Prozent Anerkennung bezüglich der Schläue der Angesprochenen ein. *Du bisd a soichane Maddz, a vareggde* entlarvt beim Äußernden mitunter eine gesinnungsverwirrte Intentionsspannbreite, die zugleich „Ich könnt' sie erschlagen" wie auch „Ich würde sie sofort heiraten"

FOOZN VS. FODDZN

Mittels verschiedener Schreibweisen lässt sich das Missverständliche des Begriffs einigermaßen klären: Das gedehnte *Foozn* meint hier das weibliche Geschlechtsteil im weitesten Sinne, also auch die gehässig nachgesagten damit verbundenen negativen Eigenschaften *(Fiischfoozn)*.

Dreegfoozn ist also eine Durch-und-durch-Schlampe. *Foddzn* dagegen ist sowohl das Maul (die *Goschn*), das ganze Gesicht, als auch die dareingepflanzte *Beddoniade*, *Aufgschdrichane*, *Waadschn* (Ohrfeige). *Glei baddz i da a Foddzn imb'Foddzn du Foozn* müsste somit verständlich sein.

bzw. „… heiraten lieber nicht – aber *ding scho, aufjemfoi*" umfasst.

Dies gilt allerdings nur, wenn man sich bereits kennt! Wenn nicht, und wenn vom Fleck weg eine irreparable Antipathie herrscht, entfallen die anerkennenden Prozentanteile.

..., draamhabbada Traumschlapper, frisch aus dem Schlaf gerissen, träumerisch, verpeilt; wenn einer gerade kaum von Begriff ist. *"Seassguabmoing, Hanse, guad gschlaffa!?" – "Wos?" – "Obsd guad gschlaffa hosd, froogede!" – "Ha?" – "Gä! Mogsd an Kafää?" – "Wos wuisd?" – "Woasdwos, edz dringsd zeaschd an Kafää, und na huifsdma min Hoiz!" – "Woshoiz?" – "Ja de Baam vom Giagl, de wosdu geesdan bei eam ghoid hosd, gäweida, oiwei no bsuffa odawos!" – "Da Giagl. -?" – "Naa – da Misdapräsennd, Däbb, draamhabbada!!" – "Wea?"* [1]

dahaud verhauen, zerhauen, runtergekommen; so *dahaud wia dea auschaugd hod dea scho gnua Schleeg griagt* (so vermöbelt wie der aussieht hat er schon reichlich Prügel bezogen).

---

[1] Übs.: "Servus, guten Morgen, Hansi, gut geschlafen!?" – "Was?" – "Ob du gut geschlafen hast, frage ich dich!" – "Hä?" – "Aber geh! Willst du einen Kaffee?" – "Was willst du?" – "Weißt du was, jetzt trinkst du zuerst einen Kaffee, und dann hilfst du mir mit dem Holz!" – "Welches Holz?" – "Ja die Bäume vom Georg, die du gestern von ihm gebracht hast, jetzt aber, bist du immer noch knülle, oder wie muss ich mir das vorstellen!" – "Der Georg. -?" – Nein – der Ministerpräsident, du verpeilter Dödel!!" – "Wer?"

oodraad abgedreht; raffiniert, mit allen Wassern gewaschen; ziemlich unberechenbar, improvisatorisch begabt, aber durchgeknallt.

bäizze pelzig; unbequem, kratzbürstig, sauer: *do moan i ollawei, edz wea i schee langsam bäizze* (ich glaube, jetzt werde ich schön langsam sauer/unangenehm).

Soiz- Salz-; Vorspänner, der alles bekräftigt und steigert, was folgt: *Soiznääga* (S. 66), *Soizleffe, Soizdäbb;* in der Küche: *„Gä, duaamoi an Leffe Soiz heara!"* Der Stift eilt, stolpert und lässt fallen. Boden gesalzen. *„Gä, gib hoid obachd, du Soizleffe!"* Soiz- konterkariert die immense Bedeutung, die das Salz einst für Bayern hatte.

Eine *Soizbrezn* ist – ja sicher, eine Salzbreze, was sonst. *Breznsoiza* (Brezensalzer) hingegen weist zwei doch sehr unterschiedliche Bedeutungen auf. Einmal die eines Gschaftlhubers, der sich einmischt wo er nichts zu mischen hat; zum anderen die eines in der Hierarchie am untersten Ende angesiedelten Fußabstreifers, der gerade noch gut genug ist, das Salz auf die Brezeln zu streuen.

Soiznääga Salzdunkelpigmentierterafrodeutscher; urspr.: Schwervonbegriffler, *Schnäischbanna voda Fiama Langsam* (Schnellspanner von der Firma Langsam); stammt aus einer Zeit, in der man „Neger" noch sagen durfte. Hört man zwar hier und da noch, macht heute aber keinen Spaß mehr.

Zibbfe Zipfel; bezeichnet zum einen ganz direkt das männliche Geschlechtsteil, allerdings in seinem erbarmenswerten Ruhezustand; daher nimmt es zum anderen nicht wunder, dass dieses Bild übergreift auf die entsprechende Gesamterscheinung einer windelweichen Mannsperson, einen verpeilten Schlaffi, der tollpatschig und einigermaßen dümmlich daherkommt. *Zibbfegsichd* ist eins, dem die Züge dauernd entgleiten, dem insgesamt die Körperspannung fehlt; *Zibbfegladdscha* meint einen nichtskönnenden Versager, einen *Wixdäbb*.

Zibbfeboazn Zipfelkneipe, eine „Scheißwirtschaft". Auf Menschen bezogen ein unreflektierendes Großmaul, das gestopft gehört, weil aus ihm Lärm ertönt wie aus einem ordinären Stehausschank.

Rooz- Rotz-; Nasenschleim bis Popel, Rotzglocke; Vorspänner für alles Unreife, Ungezogene. Wird also vorzugsweise jüngeren Mitbürgern zugesprochen, denen man nicht zutraut, sich rechtzeitig die Nase zu putzen, ehe die Chose davonläuft. Neben dem *Roozleffe* (S. 54) begegnet man da dem *Roozbuam, da Rooznoosn, am Roozgribbe, da Roozgoschn, am Roozbangad* (nasenläufiges uneheliches Kind), und körpergeographisch übergreifend der *Roozfoddzn*. *Edz hoidsd dei bläde Roozfoddzn* ist dabei an ein übervorlautes Mundwerk gerichtet, während *des is fei a Roozfoozn, a leiffige* eher das Horizontalgebaren einer hoffentlich volljährigen *Briidschn* (S. 82) kommentiert (vgl. auch S. 63).

Gschaffdlhuawa Wichtigtuer, Dauerschwätzer; er mischt sich überall ein, plappert zu allem einen Kommentar, auch wenn er von der Sache nicht die geringste Ahnung hat, und er drängt sich ungebeten allen und jedem auf. Es gibt nur zwei Möglichkeiten, ihn für kurze Zeit vom *Gschaffdln* abzuhalten: Man sticht ihn unauffällig mit einer Nadel an, damit die heiße Luft entweichen kann, oder man steckt ihm, falls zur Hand, einen dicken Marmeladkrapfen in die *Goschn*. Den mag er. Weil wir grad dabei sind:

Huawa Huber; es ist ein Rätsel, warum es gerade den Huber getroffen hat, ewiglich als abwertender und geringgeschätzter Nachspänner für *Gschaffdl-*, Grantel-, Erwin, *Gloa-* (nasal! Klein-) und mehr herhalten zu müssen. Huber ist auch bloß ein „Hufner" = Hofbesitzer = Bauer. Müller, Meier, Schmidt bleiben zumindest in Bayern weitgehend verschont. Ganz bös: *Mei, edz hoidd hoidamoi dei Babbm, du Huawa* (Nu schweig doch mal stille, du Huber!) Nur ein echter Voll-Huber mit angeborener völliger Schmerzfreiheit steckt so etwas weg.

Baua Bauer. Dass der Bayer den von ihm als hoch ehrbar erachteten Beruf des Landwirts, zumal, wenn er selber einer ist, zugleich als massiv abwertenden Begriff beim Schimpfen anwendet, ist ein Widerspruch in sich. *Baua, Bauanfimfa* (Bauernfünfer), *Bauandradra* (Bauerntrottel), *Bauandrammbbe* (Bauerntrampel), *Bauansau* (Bauernsau), *Bauanschääl* (Bauernschädel) usw. bis *Millebaua, banschada* (Milchbauer, verwässernder) – das sind alles keine Komplimente. Dass ein Bauer seinesgleichen

— Edz hosdas glei beinand, du Glääzn —

Bauandrammbbe misdiga

mit *Baua* attackieren mag, liegt möglicherweise im Wesen unklarer Grundbesitzverhältnisse, fantasierter Milchleistungen beim Viehhandel, strittigen Ackerbegrenzungen und dem hinter den Kulissen gar nicht so idyllischen Landleben. Ein Städter sollte es übrigens unbedingt vermeiden, einen Bauern *Baua* zu schimpfen, weil er sonst irgendwo aus seiner Physis die Zinken einer Mistgabel rauszupfen kann.

..., *meineidiga* Meineidiger; bezeichnet alles Verlogene, besonders auch dreist, vorsätzlich und notorisch Verlogenes; auf zweiter Ebene ist alles und jeder meineidig, das bzw. der nicht funktioniert oder nicht tut, was der Verwünscher will; wer ihm widerspricht oder eine sonstwie schädliche Absicht hat, immer schön hintenrum sein Süppchen kocht … *Edz baasamoi guad auf, Buagamoasda, wos du mid dene Leechaboora vahandlsd, mid dene grinndign, des gääd uns fei grood wos o, uns oole, unoans sogida, du Baua du meineidiga, oobsdu dene dei* [1]

---

[1] Übs.: Jetzt pass mal gut auf, Bürgermeister, was du mit diesen Löcherbohrern (= Golfplatzinvestoren) verhandelst, mit diesen ekelhaften, das geht uns sehr wohl etwas an, uns alle, und eins sage ich dir, du Bauer, du meineidiger, ob du denen deine Wiese

— Edz hosdas glei beinand, du Glääzn —

Wiesn vakaffsd oda need, des enndscheidsd ned du, wei weenn dees duachgääd inda näxdn Gmoa, du vadruggda Liangbeidl, na weaschdscho seng – na koosda dei bläde Hiddn min Schaufeumbäsn zammkean.

Wuisdwoosa, zuaweziagada[2] Erpichter, vereinnahmend-aufdringlicher, ein/aussaugender, also z. B. jede Art von Verkäufer. Dialogbeispiel aus dem Leben: „Also, lieber Herr Gesottmeier…" – *„Gsoobmoa"* – „Ja, mm, Herr … Herr Gesomoa, Sie meinen also, Sie könnten auf die Feuerversicherung verzichten?" – *„Aa."* – „Aber die Wasserschadenvers…" – *„Aa."* – „Aha, also die auch nicht. Hm. Wie steht es denn dann mit der Dachziegelsprungschadenv…" –

verkaufst oder nicht, das bestimmst nicht du, weil wenn du damit in der nächsten Gemeinderatssitzung durchkommst, du hinterhältiger Lügensack, dann wirst du schon sehen – dann kannst du dein blödes Haus mit Schaufel und Besen aufkehren (unausgesprochen: weil ich es nämlich abfackle).

[2] Anm.: *Zuaweziaga* (Heranzieher) ist ein regional verwendetes Synonym für „Fernglas", „Feldstecher", „Operngucker", auch als „Spekuliereisen" bezeichnet.

„*Naa.*" – "Nicht. Aha. Aber hören Sie, guter Mann, seien Sie doch vernünftig – wenigstens die Haftpflicht …" – „*Hoowe.*" – "Aber doch nicht bei uns – der Lübeck-Wanzdorfer – wir hätten da ein tolles Angebot für Sie, Herr … G-moser" – „…" – "Nu, wie steht's?!" – „*Woasdwoos, du Wuisdwoosa – edz baggsd deine Babbial und dein andan Gremmbe zamm, du zuaweziagada Bscheissa, dodeamma edz ned lang umanad, und aufwidaschaung.*" (Weißt du was, du Erpichtling – jetzt packst du deine Papiere und deinen anderen Kram, du aufdringlicher Betrüger, da machen wir's jetzt kurz, und auf Wiedersehen.)

— Edz hosdas glei beinand, du Glääzn —

WAS ES MIT DEM „SCHEISS"
AUF SICH HAT

Wenn der Bayer „Scheißdreck" meint, muss er auch *Scheissdreeg* sagen. *Schoasdreeg* wäre sinngemäß falsch. Insofern ist das Wort nicht typisch bairisch. Der Bayer sagt es aber oft und gern, und dem Vorspänner *Scheiss-* fügt er jedes klassifizierende Substantiv an, das nicht bei drei auf dem Baum ist.

Schoas ist der Furz, *Gschoas* meint die Flatulenz im Allgemeinen, auch eine solche des Hirns, wenn dieses Fragwürdigkeiten absondert („Mein Hirn käst!", Dr. Erika Fuchs). *Gschies* hinwiederum ist „Geschiss" im Sinne von „Zicken machen", „Umstände machen", die Lage unnötig verkomplizieren usw.

— Edz hosdas glei beinand, du Glääzn —

An dieser Stelle erfolgt ein unverzichtbarer „wissenschaftlicher" (Entschuldigung) Einschub zu den verwirrenden Gesetzmäßigkeiten, denen bairisch *ei* und *oa* unterliegen. Das sind wir den Lesern schuldig, die das *nebvohausaus* (nicht sowieso) *woaßn. Woaßn?* UM GOTTES WILLEN NEIN, sondern: *wissn!*

Woaß kommt von wissen, es kann aber nie lauten *mia woassns ned,* (wohl aber ich, du, er/sie/es *woaß ned* [Plural: *mia wissns, ia wissdses, si wissns*]). Weißwurst muss *Weiswuaschd* bleiben, Weihnachten natürlich *Weinachdn,* weinen aber *woana,* meinen *moana,* mein/dein/sein *mei/dei/sei* und niemals „*moa/doa/soa*". Der Leiter (einer Behörde) ist da *Leidda,* die Leiter ist *d'Loadda,* einen „*Loaddaschdoaga*" für einen Karriereerpichten nennt man besser einen *Loaddagraxxla, an zuchdheisladn,* was subtil beinhaltet, dass der damit Gemeinte als sowohl völlig skrupellos wie auch als mit einem Bein im Gefängnis erachtet wird.

Eine der verheerendsten Anbiederungen des Anschluss heischenden Nichtbayern lautet: „Echt grübich hier! I schpendier dir oane vo moane Woaswüaschd – woal Woanachdn is." „Moane" heißt eben nicht „meine", sondern „meine ich", „woal" gibt es gar nicht, das würde man am ehesten mit dem Ort Waal im Allgäu assoziieren, und „Woanachdn" ist eine Nacht zum Weinen. Der wackere Preuße hätte also in etwa verkündet: „Ich spendiere dir eine von, glaube ich zu wissen, Würsten – [Waal im Allgäu] Heulnächte ist". Eine bittere Fehlleistung.

Noch bitterer: Es gibt keine Regel – man muss es lernen wie Englisch, wo die Aussprache von Wörtern wie Worcestersauce oder Leicester Square sich ja auch nicht auf Anhieb erschließt. Apropos: Hier böte sich immerhin die Gelegenheit, einen dialektselbstgefälligen Bayern auszukontern: *„Duamoi de Woadschesdasoß heara!"* – „Wie bitte? ... Meinst du etwa die Wuustersoße?" – *„Woswuisd?"* – „Sorribitte, aber das heißt nun mal Wuustersoße. ‚Worcester' wird *Wuuster* ausgesprochen." – *„Desismiascheiswuaschd – duas hea."*

Meascheina

Mehrscheiner; das assoziiert einiges: Meerschwein (putzig, aber zehnmal langweiliger als ein *Raddz*); mehr Sch(w)ein als Sein; letztlich ein halb hochstapelnder Amateurangeber, der seinen Horizont bedeutend weiter in der Ferne wähnt als den aller anderen, ausgenommen vielleicht den seines lokalen Dealers. Überwiegendes Vorkommen der Spezies: Rund um Starnberger- und Tegernsee, gelegentlich auch um die restlichen Seenplatten. Klassifizierung: Himbeerbubi mit über die Schulter geschlagenen und lässig vor der Brust verknoteten Skipperpulloverärmeln, früher lange weiße Hose mit Barfüßen in Stinktierlederslippern (eher verkorkst dem jungen Alain Delon nachempfunden), später Dreiviertelhose, blankwadig, noch alberner. Teure Sonnenbrille zur Kaschierung des billigen Augenblickes. Aktuelle Bezeichnungen: Severin (Sefi), Pascal (Pas-chi), Ricardo (Ritschi), Marcel (Maaßi) und Grischka Oberbichler (Grobi), der Dealer. Verhaltensmerkmal: Brettert im Cabrio ‚vom Alten', der arbeiten muss (Grobi hinwiederum dank eigener Einkünfte *seidda Middlschui* im eigenen) um den See, mit neunzig Sachen durchs Dorf, kreischbremsig und rauchreifig

— Meascheina —

auf rote Ampeln zu. Nur dort — falls er anhält — bietet sich Gelegenheit, ihn offenen Verdecks anzusprechen: *„Bisdublädodawos du Wiaschdl, du Roozleffe, duadinedaso aufmandln, zuagrauchds Zigareddnbiaschal windigs, odasoede aussezubbfa aus dein hoiwadn Schoaskachal, du bsuffas Wogscheidl, schaugdasdweidakimmsd, du Meascheina, du zuagroasda, du damischer Saubreiss."*[1]

Wenn der so Begrüßte schweigt und mit nervösem Gasfuß trachtet, zügig dem Gewitter zu entrinnen, ist er tatsächlich ein Mehrscheiner. Und sogar, wenn er frechelnd entgegnet „äää — hau doch ab, du Seppelpenner, ischfiggdischkrankenhausduopfa" (jaja, er findet den Türkensound, von dem man immer aus den brennpunktuellen Armenvierteln hört, echt gefährlich), ist er immer noch einer.

Selbstverständlich sind etablierte Diplom-Hochstapler und seriöse Heiratsschwindler weit ältergediente *Meascheina*. Und ein jeder Guttendoktor sowieso.

---

[1] Übs: Bist du blöd oder was, du Würstchen, du Rotzlöffel, spiel dich nicht so auf, verkifftes Zigarettenbübchen windiges, oder soll ich dich rausziehen aus deinem halben Furzbehälter, du betrunkenes Ochsengeschirrteil, schau, dass du weiterkommst, du Mehrscheiner, du zugereister, du dämlicher Saupreuße.

Ein Verwün-schungsklassiker

Eines der anmutigsten Exempel, wie der wahre Bayer seine Provenienz nicht verleugnen kann, lieferte Gerhard Polt in seinem 11-Minuten-Klassiker „Longline". Erst referiert er in gestelztem Hochdeutsch über seine Affinität zum Tennis, diesem herrlichen Sport, der einen Boris Becker hervorgebracht hat und solche tempelgleichen Spielstätten wie „Wimmblädonn" kennt, schwadroniert unerträglich siebengescheit daher, bis sich herausstellt, dass sein Sohn Noél (!!), vermutlich in noch jungem Kindsalter, ebenfalls Tennis spielt, in diesem Fall gegen einen ähnlich gepushten Burschen mit Mutter, die ständig kreischend ihren Sohn von außen coacht: „Oliver, pass auf, er spielt loonglaiin!" Polt „zitiert" das in zunehmend hysterischem Diskant, während er noch scheinbar ruhig und gelassen seine ethisch-sportsgeistige Überlegenheit betont. Immer schwerer fällt ihm das allerdings, je öfter Olivers Mutter ihr „longline" schrillt. Nach einem kurzen Einschub, der klar macht, wie unbarmherzig er, der Vater, im Zweifel jede Ausfälligkeit verfolgt, („mein Sohn schreit nicht

— Ein Verwünschungsklassiker —

fuck! Der – schreit – nicht – *fuck*!! Und wenn der *fuck* schreit, ... dann pack ich ihn an die Ohrwascheln und zieh mit ihm den Platz ab!"), geht es mit ihm durch („ ... und dann schreit die immer: OOLIVER pass auf – er spielt loonglaiin", dieses letzte Mal mit überschnappender Stimme) und es kommt zum furiosen Finale:

Sag ich: »Gnädige Frau, jetzt, bitte! Ja? Sie dumme Gans! Ja?! Mir san doch da net im Wirtshaus! Sondern auf einem Tennisplatz! Du Amsel, du blöde! Du blödes Grachal, sag i, du Matz, du verreckte, hoit dei Fotzn, sag i, du Schoaßwiesn, gell, du mistige, sag i, du Schoaßblattern, gell, du Brunzkachl, du ogsoachte, so was wie du ghert doch mit der Scheißbürstn nausghaut!« Dann fängt sie an: »Ich werde mich beschweren, ich geh zur Turnierleitung, ich werde mich beschweren!« Aber, wissen Sie, die Frau soll sich beschweren. Nein, die soll sich beschweren! Die soll sich ruhig beschweren, weil, was so eine Hämorrhoidnbritschn sagt, so etwas ist einfach unter meinem Niveau.

Aus: Gerhardt Polt, Circus Maximus – Das Gesammelte Werk, Fischer Taschenbuch. Mit freundlicher Genehmigung des Kein & Aber Verlags, Zürich.

4

Da Schorsche, de Dreegsau

Zwei Bayern über einen Dritten – da müssen beim Lästern und Schimpfen keinerlei Rücksichten mehr genommen werden. Das kann auch in lauthalsfluchende Bewunderung driften.

Boochraddz Bachratte; auch *Kanoiraddz,* Kanalratte. Direkte Bedeutung: schmutzige Erscheinung, ungepflegt; Rolle von Dustin Hoffman als „Ratso-Rizzo"(!) in „Asphalt Cowboy". Ebenso dieser dings … Roggensemmel. Übertragener Sinn: Weist eine gewöhnliche Ratte schon Eigenschaften auf, die einem Angst einjagen, indem sie lautlos auftaucht und verschwindet und schwer auszurotten ist, kann der *Boochraddz* dazu noch bibern (nagen) und ottern (räubern). Dem Begriff am nächsten kommt das Bild eines Doppelagenten, der zusätzlich zum ganzen Undercover lukrativ mit Drogen dealt, weiß, wen er gleich morgen früh erfolgreich erpressen wird, der den höchsten Grad der Verstellungskunst erreicht hat und daher- und davonkommt wie Kevin Spacey in „Die üblichen Verdächtigen".

as Meensch Das Mensch (Plural: die Menscher); dieses Neutrum hat es in sich: in seiner trügerischen Einfachheit so ziemlich das böseste, was man über eine Weibsperson äußern kann. *Dees Meensch* – dieses Mensch. Man kann es kaum in der direkten Anrede verwenden, weil dann der essentiell signifikante Artikel „das" fehlen würde (*Duu Meensch* … ???). Es geht einigermaßen in der Wendung *Du bist a soichans Meensch, a dafeids …* (du bis ein solches Mensch, ein verfaultes …), in der Regel taucht es aber in Unterhaltungen über Dritte auf: *Des Meensch machbmi varruggd, i dabaggs ned* (dieses Mensch macht mich verrückt, ich halt's nicht aus).

Also, wir zitieren ausnahmsweise lexikalisch aus „Bayrisch-Österreichisches Schimpfwörterbuch" von Reinhold Aman (Allitera Verlag, Edition Monacensia, 2005), damit man mal sieht: „1. einfältige, unmanierliche, derbe, ungebildete Frau 2. dreiste, liederliche, unverschämte, ordinäre Frau 3. Hure". Was die Herkunft angeht, spricht Aman von „Magd", also quasi einem sächlichen Inventar, zur freien Verfügung (das man nach Gebrauch auch wegschmeißen kann).

Ziifan Ziefern; zänkische, streithanslige Weibsperson, die ständig was an einem auszusetzen hat – eine rechte Xanthippe halt.

Zwidawuazzn Zuwiderwurzel; Griesgram, passiver Grantler. So werden Männer oder Frauen bezeichnet, die in ihrer notorischen Übellaunigkeit jederzeit eine eben noch fröhlich feiernde Runde von bis zu zwei Dutzend Ausgelassenen in ein Massengrab verwan-

— Da Schorsche, de Dreegsau —

*Gobbfadoorada
Glääznbene*

— Da Schorsche, de Dreegsau —

deln können. Da muss man sich, wenn einer gar zu viel zuwiderwurzt, ein Herz fassen und diese unangenehme Person rausschmeißen. Ein guter Grantler kann äußerst unterhaltsam sein, wenn ihm was einfällt; eine Zwidawuazzn niemals, die ist immer bloß destruktiv. Eine *fade Noggn* (S. 106) wiederum hat den Vorteil, dass man sie im Eck sitzen lassen kann – sie stört nicht und schmutzt nicht.

Schdriize Strizzi, Schlawiner; leichtlebiger Aufreißer, der sich auf sein Äußeres verlassen kann. Für einen solchen Beutebock ist die Damenwelt ein abzuäsender Anger von nachwachsenden Rohstoffen. Sein Inneres kennt nicht mal er selbst.

Hallodri Leichtlebiger Geselle, der *nix g'scheids* macht; soll sich von „allotria" herleiten (griech. Unfug, Unsinn). Ein Mensch, nur in seinen Fehlleistungen verlässlich.

Glääzn Dörr-, Trockenbirne; langweiliger, uninspiriert-bis-nicht-vorhandener Typ; Vorspänner hauptsächlich für Namen *(Glääznsepp, -bäbbe, -kaschbal). Glääznbene:* Dörrbirnenbenedikt; Schrumpfintellekt.

Bäädbruada, foischa Falscher Betbruder; ein Zivilist, der deutlich für alle sichtbar beflissen in die Kirche rennt, um seine nicht existente Integrität zur Schau zu stellen; aber auch ein in aller Demut auftretender Geistlicher, der gestreng nach dem Buche verkündet und vor, zwischen und nach den Messen seine geschäftstüchtigen, permanent nach Absolution flehenden Fäden spinnt, selbstverständlich nur zum Wohle der Kirche. Er tebartzt van vorn bis hinten, predigt Wasser, trinkt ausgezeichneten Wein und sogar edlen Schampus, wenn er in den Luxuspuff geht. Elst erst recht. *Wea ko dea ko.* Wäre der Prälat Hinter nicht immer beizeiten am pappen-, bzw. popenheimischen Durchblick des bibelfesten „Bullen von Tölz" Benno Berghammer gescheitert, er wäre schnell zum falschen Betbruder geraten.

Missbfink Mistfink; meist für kleine Buben, die sich schneller einsauen, als man sie je säubern könnte, und die ganz nebenbei eine Menge „anstellen", was man dann mühsam in Ordnung bringen muss. Als Erwachsener ist der „Mistfink" ein rechter Schwerenöter, auf dessen Charmegzwitscher die Hascherl und Keulen reihenweise hereinfallen.

Hoodan Lappen, Lumpen; *Buuzhoodan* ist in der Regel ein Putzlappen, personifiziert aber ein putzteuflisch besessenes Wesen. Kann auch die Bekräftigung einer nachlässigen, schlampigen Person bedeuten. Ein *Hoodalummb* ist dagegen eindeutig ein ganz durchtriebener, moralisch tiefstangesiedelter Gewissenloser.

Hund Hund; anerkennend für einen gerissenen Kerl. *A Hund bisd schoo, Franze!* (Manni Kopfeck zum Monaco Franze in der gleichnamigen Fernsehserie; wie es der Karl Obermayr gesagt hat, das sagt alles)

Hundling eine mit gewisser heimlicher Hochachtung bedachte Profisau, die Dinge tut, welche man selber auch gerne täte, es sich aber nicht traut. Dann lässt man es lieber, und findet den Hundling zum eigenen Trost doch nicht soo toll.

…, hundsheiddan hundehäutig; niederträchtig, gemein, durchtrieben. Mit dem will keiner was zu tun haben, aber beinahe jeder hat – freiwillig oder unfreiwillig.

FUEADDEFARA

Fuerteventurafahrer; es gibt „Malle", und es gibt „Fuerte". „Kanne", „Tenne", „Lanze", usw. gibt es nicht, und das ist gut so. Nun ergibt es sich, dass auch der Bayer, der selber nirgendwo hinfliegt, Wind davon bekommt, *daasde Saubreissn oole auf Maioaka faarn, je bläda dass' sant – und de aandan auf Fueadde oda sowohi.*[1] Weil ihm sowas wie „Malle" zu artikulieren nie im Leben möglich wäre, ohne sich nicht selbst wie ein lauwarmer Sangriaeimer zu fühlen, subsumiert er das gesamte Inselhopping vo dera *Gaudefliagabagaasch, dera laarn*[2] und kürt das für ihn ideal zu artikulierende Fueadde (das verkleinerte „u" steht für einen extrem kurzen, kaum wahrnehmbaren Laut; es könnte fast schon *Fäadde* klingen) zu seinem Endergebnis. Jetzt

---

Übs.: [1] ... dass die Saupreussen alle nach Mallorca fliegen, je blöder sie sind – und die anderen nach Fuerteventura oder so ähnlich.

[2] dieser inhaltslosen Spaßflugbagage

kann er immer, wenn das Gespräch auf eine nicht ernstzunehmende, notorisch Enttäuschungen generierende Person kommt, einwerfen (Dialogauszug): *„Oiso, vom Bäda umvoda Moni bin i a sowos vo enddeischd, de mäiddn se nimma, obwoi i scho fuchzenmoi aufn AB greed hob." – „I hobsda glei gsogd, aufb' Moni wanonia eimvalass, unda Bääda – mei – woswuisdna mid dem Fäaddefara, dem woachn!"* [3]

Man muss nicht auf Fuerteventura, Mallorca, Gran Canaria oder Teneriffa gewesen sein, *nedamoi aufde Malediifn*, um zum *Fäddefara* zu avancieren.
Es genügt schon, seine *Schraazn* auf die Montessorischule zu schicken.

---

[3] „Also, vom Peter und von der Moni bin ich schon sehr enttäuscht, die melden sich nicht mehr, obwohl ich schon fünfzehnmal auf AB gesprochen habe." – "Ich habe es dir gleich gesagt, auf die Moni war noch nie Verlass, und der Peter – herrjeh – was erwartest du von diesem Fuertefahrer, diesem rückgratlosen!"

Biisguan Beissgurre; streitsüchtiges Weib, auch stutenbissiges; evtl. auch von „Gurgel"; hat nicht, wie oft angenommen, mit „Gurke" zu tun. Macht aber nix: Auch das Bild einer wild zuschnappenden Gurke hätte was …

Briidschn Pritsche; grober Audruck für eine Frau, auf die sich jeder legen kann – im Ernstfall frequentiert wie ein Lazarettbett oder die Liege einer Ausnüchterungsecke im Rotkreuzkarren hinter der Wiesn. Die Kombi *Zibbfebriidschn* läge zwar nahe, ist aber überflüssig, weil Normalfall. Dagegen wäre *Gmiasbriidschn* (Gemüsepritsche) eine beachtliche, auf stillere Freizeitfreuden hinweisende Äußerung. Das muss man in Zeiten, da Männer ins Unnütze zu mutieren drohen, positiv sehen.

…, immfluännda angesteckter, anksteckender, verseuchter, Seuchen verbreitender, Pestbeule; auch Einflussnehmender, Manipulierer. Kommt von lat. „influentia", was Einfluss, aber auch Ansteckung bedeutet. Kann in seiner Ambivalenz so perfide eingesetzt werden, dass es keine Sau mitkriegt, wie man sie gerade fertigmacht. Jedenfalls: Je blöder die

— Da Schorsche, de Dreegsau —

Huanbriidschnsau-dräggadsmensch

Sau, desto weniger beleidigt ist sie, und desto weniger droht eine Anzeige.

..., *grooskobbfad* großkopfig; auch: *gwabbad;* abfällig für Bessergestellte, die es auch heraushängen lassen, und die mit Raffinesse ihre Pfründe zu wahren verstehen. Aus Sicht der Landbewohner sind damit fast immer Städter gemeint, und da besonders Politiker (als die noch am meisten zu sagen und bestimmen hatten) sowie hohe Ministerialräte und andere Staatsbeamte, natürlich korrupt, die zum schikanösen Verordnen neigen.

vafluachda, fluachads Verfluchter, fluchendes; *hoiddei Gwaff, dei fluachads* (halt dein Fluchmaul); *de hobvilleichd a fluachade Goschn* (die nennt aber ein gewaltiges Fluchmaulwerk ihr eigen); *vafluachda Rächdsvadräa* (verfluchter Winkeladvokat).

Aufgschnaßbd

VÖLKERVERSTÄNDIGUNG

Vormittag, Wohnzimmer. Herr Gwandhuber in seinem Polstersessel ist gut gelaunt, er hat einen freien Tag, seine Frau ist in der Arbeit. Bestens gefrühstückt – Muße, sich ausgiebig der Tageszeitungslektüre („Hausbacher Miesbote") zu widmen. Das Telefon klingelt. *Muas b'Frau sei,* denkt sich der Hausherr, weil niemand sonst so deutlich klingelt wie sie, und er beschließt, seine gute Laune in einen bewährten Initialscherz münden zu lassen – er meldet sich heiter:

G: *Grantlhuawa – am Abbarad.* (Grantelhuber – am Apparat.)

A(nrufer): Buongiorno, Signore – ä – Erre Grande Lubba (?), io sono i bin von di Fattoria Prontoprodotti unn ig abbe ...

G: *Wos is los?*

A: Olio di oliva, Oliffeäl unn i abbe offerta speciale spessiell Angebotte ...

G: *Agä*

— Da Schorsche, de Dreegsau —

A: ... firr SIE Signore, unn gibbt aceto di vino e balsamico, Ässige extra Qualität ...
G: *Edz zefix ...*
A: ... unndää c'e pasta fatto a mano anndegämachddä.
G: *Mei wos wuisdn, du Schbaggedde!* (Ja, was willst du denn, du Spaghetti!)
A: Si, si – anche spaghetti – tagliatelle, tortellini – unddää penne ...
G: *Hoiddamoi – woswoswos – des hoassddu mi need, du Zibbfe, du auslendischa!* (Haltmal – waswaswas – so nennst du mich nicht, du ausländischer Zipfel!)
A: Italia, bella Italia – si, molto bene, prodotti originali, eine Karton mit due bottiglie sswei Flasche Oliffeäl ...
G: *Däbb! Dea häad ned!* (Depp. Der hört nicht!)
A: ... stravergine – erste Bressunggä!
G: *Wos – an Brässog hobds aa?* (Was – einen Presssack habt ihr auch?)
A: Signore Grandeuova! Sswei Flasche Äl, sswei conserve mittä sugo, tre ... drei albe kilo diverse pasta ...
G: *Nix bassd! As Mei! Greizdeifedäbb!* (Nichts passt. Maul halten jetzt! Kreuzteufeldepp!)
A:: ... e mezzo litro vonndi Ässige ...

G: *Ja häassdu ned, Gaddzlmacha?* (Ja hörst du nicht, Katzelmacher?)

A: No! No, no! Nix Cassa mache, isse Angäbotte E-uro neinundackzige ssussiglig trasporto ...

G: *I wui edz ned bääs wean miassn, owa edz hoidsd as Mei, Nudlwoigla, elenndiga!* (Ich will jetzt nicht sauer werden müssen, aber jetzt hältst du das Maul, Nudeldreher, elender!)

A: Perfetto. I mache fertig die Pakätte.

G: *Du draudi!* (Du trau dich!)

A: Ire Frau? Moglie? Complimenti! Posso parlare ... kann i spreke mit ire Frau?!

G: *So weid kummds no, des daad da so bassn, du Schdrandschdrieze, du obbreinda.* (So weit kommt's noch, das könnte dir so passen, du Strandaufreißer, du abgebräunter.)

A: Issgut, bene, i ssicke ein Pakät – sswei Pakätte?

G: *Jahimmebluadsgreizelemennd, Boassraddz dahauda ...* (Ja, Himmelblutskreuzelement, Beißratte, räudige ...)

A: Isse ire Ansrift? Bossleidssal, per piacere!

G: *Oansoansnui-oansoanszwoa.* (110-112)

A: Graziemille. Tre Pakätte. Va bene.

— Da Schorsche, de Dreegsau —

WARUM EINE *DREEGSAU* NICHT GLEICH EINE *DRRÄGGSSAU* IST

An dieser Stelle der Versuch, ein paar mögliche unterschiedliche Intentionen zu erfassen, die in der Art und Weise, wie ein und dasselbe Schimpfwort zum Klingen gebracht wird, ihren praktischen Ausdruck finden.
Die jeweils passende Mimik müssen Sie sich dazu vorstellen.

„I sogsda, Franze, woasined wiasduu des sigsd, awa da Beandde, woaschdschoo, da Riasmosabeannde, i sogsda, des is a soichane Dreegsau, awa

Übs.: [1] Ich sage dir, Franz, ich weiß nicht, wie du das siehst, aber der Berndi, weißt du ja, der Riesmoser Berndi, ich sage dir, der ist eine solche Drecksau, aber schon so eine abgefahrene …

— Da Schorsche, de Dreegsau —

scho so a oodraade …"[1], wobei verschwörerische Gesichtsbewegungen das Geäußerte in die Bedeutsamkeit einer Emser Depesche heben, *" … unedzanodes midda Lisi, koa Woch drauf – un-waa-scheinle! Dee edz aano …"*[2] Während der Franz nach einem gehauchten *„Aa – Dreegsau"* seinem Innenleben einen weiteren Enzian spendiert, kann *da Manä,* der Gesprächsleiter, seine Bewunderung kaum mehr verhehlen. *„Iss dia glaar, Franze, dass' im ganzn Langgreis bloos no b'Maria need mim Beannde – is dia des glaar!? A so eine Dreegsau. Waansinn"*[3] – dann greift auch er resigniert zum Wurzelschnaps.

Ganz anders drei Tage später, als der Vater von der Maria den Berndi auf der Maria vorfindet und die Klatscher seines Ochsenfiesels auf dem nackterten

---

[2] … und jetzt zu allem Überfluss das mit der Lisa, keine Woche später – un-wahr-scheinlich! Die jetzt auch noch …

[3] Ist dir bewusst, Franz, dass es im gesamten Landkreis lediglich noch die Maria gibt, die nicht mit dem Berndi – ist dir das klar!? Eine solche Drecksau. Wahnsinn (vgl.: „Schau Mimi, des is da Monaco. Die Dreegsau." Der Tierpark Toni zu seiner Maus in „Monaco Franze", Folge „Kalt erwischt".)

— Da Schorsche, de Dreegsau —

Hintern vom Berndi überbrüllt: *"Du Drrääggsau – duu Drrääggssauu dreggadesaudräggade, du Saudräggsau!! Und duu aa, du Trrääggssaauu, du Huanbriidschnsaudräggadsmensch ... ees Drräggsei – ollezwoa ..."*[4] usw.

Auch das anerkennend und gleichsam im Singsang dargebotene *Oaschlooch* für einen *sauwan Baaze* kennt seinen harten Kontrast im *Aarrschloch* für ein wahres solches. Ein von Schmunzeln begleiteter *Dreeghamme* (Dreckhammel) ist vielleicht einer, der gerade einen massiv untergürtellinigen und daher ausgezeichneten Witz erzählt hat, wohingegen der *Drrägghammä* die meist hinterhergebrüllte Würdigung eines besonders rücksichtslosen *Aarrschloch*-s ist.

---

[4] Du Drecksau – du Dreeecksauuu, dreckigesaudreckige, du Saudrecksau!! Und du auch, du Dreeecksauuu, du Hurenpritschensaudrecksmensch ... ihr Drecksäue – alle beide ...

Gibt es Grenzen?

Nicht wirklich. Aber Vorsicht: Das ganze bairische Fluchen, Schimpfen und Verwünschen unterliegt strengen, wenn auch ungeschriebenen Gesetzen. Wahllos dahergeschwallte Suaden — selbst korrekt ausgesprochen, feurig dargebracht und von hehren Kriterien geleitet — können, wenn sie fehlerhaft arrangiert sind, ein falscher Begriff zur falschen Zeit kommt oder wenn Timing, Melodie, Rhythmus nicht stimmen, zu geradezu sichtbaren Fragezeichen über den Köpfen kundiger Zuhörer führen. Zu Ablehnung förmlich. Nur peinlich. Neudeutsch: Man kann es leicht vertschüssen.

Halbwegs entschuldigt ist einer unter seinesgleichen, z. B. wenn dem *de ganze Zeid ollawei eimwamfrein* Stammtisch-*Schbääze* Alfons die Regie über seine ambitioniert angelegte Schimpfkomposition aus dem Ruder läuft:

„Des woiddida scho lang song, du Sau, du Glääzn: Du hosd behaubbd, du richsd mein Buidogg, du Sau, undwosiis? Drauss' schdääda, du Blädesau,[1]

---

[1] Übs.: Das wollte ich dir schon lange sagen, du Sau, du Trockenbirne: Du hast behauptet, dass du meinen Traktor reparierst, du

— Gibt es Grenzen? —

auf da Wiesn, du Hanswuaschd, und duads ned, du Mäada, weisdasdu ned koosd, du Vabrääha, häasdu iiwahaubdz zua, sog i, gäi, du ... du ... gsuachda Väiggamäada, du Griagsvabrääha ..."

Alfons hat damit ein wenig an Ansehen eingebüßt. Mittlerweile ist er in seinem Rausch bei Tische schnaufend eingenickt. Man entschuldigt ihn aber: *„Mei – da Fonse – hodas nimma dabaggd. Bsuffa wiara Schdorch."* [2]

Weit straffer sind die Zügel jedem Nicht-Stammtisch-Zugehörigen angelegt, peinigend eng gezurrt gar dem Nicht-Bayern, so tapfer er auch geübt haben mag.

Sau, und was ist? Da draußen steht er, du blöde Sau, auf der Wiese, du Hanswurst, und er funktioniert nicht, du Mörder, weil du keine Ahnung hast, du Verbrecher, hörst du überhaupt zu, sag ich, gell, du ... du ... gesuchter Völkermörder, du Kriegsverbrecher ...

[2] Anm.: Dieser spontanbizarre Bezug auf einen „Storch", ein weitgehend bayernfernes Großgefieder (gut, es bringt die Kinder), entbehrt zwar jeglicher Plausibilität, erfährt aber unter Umständen eine äußerst positive Aufnahme, wenn die momentane Stimmung der Beiwohnenden nach Originalität lechzt. Der Ausführende muss ein Gespür dafür haben.

— **Gibt es Grenzen?** —

Der bayerngebürtige Nicht-Stammtischler kann es sich von seinem Katzentisch aus leisten, einen wie immer gearteten Erguss des zentralen Brainpools zu kommentieren – aber um Gottes willen nur präzise im allerpassendsten Moment: *„Aa genau!"* oder *„Moan i aa!"*

Erlaubt sich hingegen der nicht-bayrische Katzentischler im identischen Zusammenhang den gleichlautenden Beitrag, kann es passieren, dass er sich damit (trotz aktuell maximaler Disharmonie am Stammtisch) eine verheerende kollektive Breitseite einfängt:
„Du hoidsd dei Mei, du Wuisla, des gääd dii an Scheissdreeg oo, wosma mia dischgrian. Und iiwahaabds: Wos wuisdn du do herin, du Noagalzuzla! Saufdizamm unschleichdi bevor i niwakimm."[3]
Intentionsbekräftigendes vom Rest des Tisches: *„Aa, genau!"*, *„Moan i aa!"*

Prinzip: Trachte niemals, das jeweilige Niveau eines Stammtisches von außen zu toppen!

---

[3] Übs.: Du hältst dein Maul, du Schleimer, das geht dich einen Scheißdreck an, was wir hier diskutieren. Und überhaupt: Was willst denn du in unserem Wohnzimmer, du Bierrestesauger! Trink aus und hau ab, ehe ich rüberkomme.

5
Bagaasch!

Auch der Bayer kann deprimiert sein und sich von allen enttäuscht, verraten und verkauft fühlen. Dann denkt er gut darüber nach, was er der ganzen Bagage gerne um die Ohren hauen würde – und nach fünf Maß auch durchaus tut.

— **Bagaasch!** —

Laadschngfriis Vielschichtiger Ausdruck, es stecken drin: Latschen (Schuhe = zum Reintreten), lätschig (langweilig) und Laatschn (Latschenkiefer = holzig = kantig = Kinnbacken) sowie Fresse, Fratze, Gesicht, Fresko, eingefroren. Jedenfalls eine Physiognomie, die bei einem staatlich anerkannten Bayern nicht vorkommen sollte.

Subbmschui Suppenschule, Sonderschule; *ea hoobfei aa seim Moasda aufda Subbmschui gmachd, oda!* (Er hat aber auch seine Meisterprüfung auf der Sonderschule abgelegt, was!)

Ruach Raffgieriger; kriegt nie genug und ist zugleich konkurrenzlos geizig; Adj.: *ruachad;* für *Ruach* in Mehrzahl also z. B. *ruachade Sibbschafd* (raffgierige Sippschaft).

Keebf Köpfe (Singular: *Koobf*); Nachspänner, dem die geografischen, ja geopolitischen, sogar weltanschaulichen Charakteristika voranstehen: *Fiischkeebf* (Fischköpfe), *Kaaskeebf* (Käsköpfe), *Ruamkeebf* (Rübenköpfe), *Schwammalkeebf* (Pilzköpfe), *Kadoffekeebf* (Kartoffelköpfe), *Koirawekeebf* (Kohlrabiköpfe), *Gschwoikeebf* (Schwellköpfe), *Oasch-*

— Bagaasch! —

Draamhabbada Schwammalkoobf

keebf (Arschköpfe), *Viechkeebf* (Viehköpfe), *Schoaskeebf* (Furzköpfe) … *Ees weadses scho a so Keebf sei!* Heißt: O je, ihr Minderbemittelte!

Gwaff Mundwerk, Maulwerk, Sprechapparat; leicht variierendes Synonym zu *Babbm* bzw. *Mei* (Maul), eher ein „kläffendes" Sprechwerk, dem nur durch robuste Eingriffe Einhalt zu gebieten möglich scheint.

Noggn, fade Fade Nocke; das bezeichnet sowohl ein launisches wie auch ein langweiliges Weibsbild. Das Etikett hat man auch als Mann schnell, wenn man in geselliger Runde mal nicht automatisch über drei, vier aufeinanderfolgende Schwachwitze mitlacht.

Hoosnbiisla Hosenpiesler; auch *Hoosnbrunza;* unreife, noch nicht stubenreine Jungmannen, die, solange sie noch geistig und verbal welpenartig herumharnen, nicht für voll genommen werden können.

Bagaasch Bagage, Gesindel; alles, was sich unreflektiert herdentriebig zusammengerottet hat, um einem, der individuell seine Bedürfnisse zu verwirklichen trachtet, ein kollektiv entschlossenes „Nein" entgegenzustemmen („*Vaschwinnd, du glummbada*

— **Bagaasch!** —

Bauheisla, mid dein mindaweadding Bedoon" – Hau ab, du ramschiger Häuserbauer, mit deinem minderwertigen Beton); nicht selten eine satte Mehrheit. Prototyp eines visionären und rührigen Unternehmers, den es zwangsläufig täglich *gega dee Bagaasch* umtrieb, war der *Rammboid-Doone* (Toni Rambold, unvergleichlich dargestellt von Gerd Anthoff in jeder zweiten Episode – warum nicht in jeder! – der folgenreichen Reihe „Der Bulle von Tölz"; notabene: gerade er, *da Doone,* ein begnadeter Fluchkünstler vor dem Herrn!). Hätte er einen Grünalternativling, der mit seiner makrobiotischen Parzelle inmitten eines idyllischen Talgrunds seinen, Rambolds, Zubetonierplänen im Weg steht und partout nicht weichen will, nicht freundlich aufgefordert: *„Woasdwos, du schleichsde edz midsammd deina Bagaasch, du bläda Siedla, und deine Zweagalruam koosd aa glei midneema – sunsd zoagidas, do weasd schbizzn, du Frooschaufglauba, du unlusdiga!"*[1]

---

[1] Übs.: „Weißt du was, du haust jetzt ab mit deiner ganzen Anhängerschaft, du blöder Siedler, und deine verkümmerten Rüben kannst du auch gleich mitnehmen – ansonsten werd' ich's dir zeigen, da wirst du staunen, du Froschretter, du humorloser!"

Gschmoass Geschmeiß; heruntergeschissener Vogeldreck, der hartnäckige Flecken hinterlässt, wenn man ihn aufgepflatscht bekommt; eine so bezeichnete Personengruppe ist frei von moralischen und ethischen Bedenken (vgl. Guillotine-Gaffproleten anno 1789 ff.) und schädigt bei Zu-nahe-Kommen nachhaltig den Glauben ans Gute im Menschen.

Gsoxx Gesockse; nicht ganz so hart wie *Gschmoass,* aber immer noch klar unter dem vermeintlich eigenen Niveau; auch *Gschweall* – Geschwerl, schlimmer Haufen.

Faresää Pharisäer, Heuchler; biblischer Hintergrund, somit auch für besonders christlich daherkommende *foische Fuchzga* in Anwendung. *Ees Faresää* taucht am liebsten im Plural auf, wenn ein Aufrechter allein gegen den Rest aus Politikern, Interessenvertretern und *gschmiade Gäidsgoodla* (geschmierten Vergeltsgottlern = bestochenen Handaufhaltern), die tatkräftig vom Klerus unterstützt werden, wettert. Hat er einen von denen alleine vor sich, sagt er wahrscheinlich nicht viel und zimmert ihm ein paar. Hochwürden natürlich ausgenommen.

Sauhaffa Sauhaufen; eine veritable Ansammlung von Leuten, die mit Beschimpfungen zu bedenken es reichlich Anlass gibt. Dabei muss das eine Dreckschwein nicht unbedingt die identischen schlechten Wesenszüge haben wie das nächste. Wollte man sie sich einzeln vorknöpfen, müsste man sehr wahrscheinlich schon aus einem größeren Beschimpfungsfundus schöpfen, um allen Individuen eines summa summarum „Sauhaufens" gerecht zu werden.

Gsichd wiara obbreinde Muizwuaschd Ein Gesicht wie eine abgebräunte (angebratene) Milzwurst. Hier muss dem Nicht-Milzwisser erst einmal erklärt werden, dass eine Milzwurst im Prinzip so überflüssig ist wie das bezeichnende Organ selbst. Zudem kommt die Milzwurst im ungebrühten Rohzustand daher wie ein Akne-Opfer mit Altersflecken. Daher wird diese Ware gerne paniert à la Schnitzel, damit man weniger von ihr sieht. Man kann sie aber auch ohne Weiteres in Butterschmalz in der Pfanne anbräunen, dann sieht sie aus wie ein Akne-Opfer mit Altersflecken, das gerade aus Mallorca kommt. Wem jetzt der Appetit vergangen ist – umso besser, dann bleibt mehr für uns übrig, die wir die Milzwurst als gelegentliche Delikatesse hochschätzen. Besonders hoch als Briesmilzwurst, ergo vom Kalb. Eine Variante als Anrede für Fleischablehner wäre: *Gsichd wiara obbreinde Buizwuaschd.* Eine Pilzwurst auf Tofubasis würde verblüffende Ähnlichkeiten aufweisen. Und weil wir gerade dabei sind …

GESICHTERSTUDIEN

Gsichd wiara eighaude Wiadshausdiia – Ein Antlitz wie eine eingetretene Kneipentüre.

b'Fozzn wiara feichds Biafuizl – die Fresse wie ein aufgeweichter Bierdeckel.

a Läädschn wiara Fassl Graud – eine Physiognomie wie ein Fass Sauerkraut.

Bladschaarigfriis wiara Bfund Weimbeall – Pickelgesicht wie ein Pfund Weinbeeren (Rosinen).

Dreigschau wiara dooda Fiisch – Gesichtsausdruck wie ein toter Fisch.

Anm.: zu *Keebf* (Köpfe) siehe S. 104

— **Bagaasch!** —

Marda Marder; Räuber *(Reiwa)*; *Marda* mit hellem „a" wie bei *Maddz* (S. 62). Hat man ihn selber zum *Abbfokadd* (Rechtsanwalt), ist er ein bewunderter Verbeißer; haben ihn die anderen, schaut's schlecht aus *fia oan säim* (für einen selbst). *Geega a soa reiwande Dreegsau* hilft nur noch ein Pitbull. Derzeit räuberndste Marder: Internet-Urheberrecht-Abmahn-Anwälte.

Gschwoikeebf Schwellköpfe, Großkopferte, protzige Wichtigtuer, *dee do droom* (die da droben): Leute, die sich für etwas Besseres halten, Zeitgenossen mit (im Zweifel fragilem) Oberwasser. Vom praktischen und praktizierten Leben, von den Sorgen und Erbostheiten des ‚Kleinen Mannes' haben sie *koaanung, draufgschissn, oda?!*

Grammfheena Krampfhenne; pflegt exaltiert zu *gschaffdlhuawan* (S. 67). Für seine stammeszugehörigen Weiber hat der männliche Bayer gern andere Ausdrücke; unter ihresgleichen verwendet die Bayerin diese Bezeichnung für eine Konkurrentin, die ein noch loseres Mundwerk hat als sie selbst, für eine, die einen noch (über)flüssigeren Senf absondert, als er ihr selber aus der *Goschn* tropft. Insgesamt ist

— Bagaasch! —

Oaschwimmal vadruggts

man sich aber bayrischerseits einig, dass eine *Grammfheena bloos vo droom* kommen kann, also aus dem Norden. Das betrifft hauptsächlich eine mehr oder minder militante Sozi oder Grüne, da nennen wir jetzt keine Namen, aber wir alle wissen, wer lange Zeit prototypisch eine *Grammfheena* verkörperte, ehe sie in den besänftigenden Hafen der ehrbaren Position einer Bundestagsvize einlief. Eine Eigenparteizugehörige – selbst wenn sie noch so einen *Schmarrn vazäid* – kann dagegen nie eine *Grammfheena* sein, *aa, wenns noo soa Gschies machd,* das ist dann, *mei – d'Ilse* oder g'*Christine hoid.*

…, *windiga, windigs* Windiger, windiges; Attribut zu einem höchst skrupellosen *Baaze,* dem man besser grundsätzlich misstraut; ein *Graffedanndla, a windiga* ist ein Händler, der sein Geschäft mit der Veräußerung garantieloser Außen-hui-innen-pfui-Güter macht (Gebrauchtwagen, Immobilien) … ah – an dieser Stelle distanzieren wir uns mit Nachdruck von dem geflügelten Wort „Außen pfundig – innen Grundig", wie es zu späten Lebzeiten dieser ganz und gar nicht windigen Firma unberechtigterweise im Süden der Republik kursierte – das hatten ganz sicher die Franken zu verantworten, *mia aufgoorkoamfoi!* Dennoch: Nicht nur ein Fön, auf den man sich verlassen hatte, als man ihn ins unliebsam besetzte Badewasser warf, und der dann nicht mal pffft machte, ist ein *windigs Glummb.* Auch ein zusammengefallenes Soufflé, das eigentlich luftig werden sollte, muss es ertragen, als *windiga Bammbf* verschmäht zu werden. Bemerkenswert: Zwar können weibliche Objekte gleichberechtigt „windig" sein, weibliche Personen fast nie. Das kommt erst, wenn sich Frauen auch im Gebrauchtwagenhandel durchsetzen und – öha! als Maklerinnen gibt es sie ja schon: *Schoashiddnschnoinn, windige* (Furzhüttenschnalle, windige).

…, vamaledeidd vermaledeit; fluchbehaftet, verwünscht; (lat.: maledictum, ital. maledetto = schlechtgeredet). Die „edlere" Variante von *vafluachd,* und jetzt kommt's spitzfindig: ver-maledeit müsste eigentlich bedeuten: benedeit. Man hat's vermaledeit. Der wahren Sinnintention logisch folgend müsste es einfach *maledeidd* oder *g'maledeidd* heißen, oder eben *vabenedeidd. Ha – oda!*

Des war edz gschafdlhuawad (vgl. S. 67)

Aufgschnaßbd

GWEASCHLÄGA VOM GWAAR [1]

Ausgangslage: Von ganz oben, Brüssel, will man den Schützenvereinen aufzwingen, ihre altehrwürdigen Schützenscheiben, die links und rechts entlang des Schießstandes aufgehängt die ganze stolze Zierde des jeweiligen Clubs bedeuten, zu entfernen. Man unterstellt eine Gefahr durch möglicherweise an den Schmuckstücken abprallende Querschläger. Eine schwere Beleidigung: So beschissen kann doch in dieser kugelsicheren Flintensozietät keine blöde Sau schießen, dass man auch nur in die Nähe einer „Längs"-Scheibe treffen könnte. Fünf Halbe hin oder her. Lachhaft.

Es schwelt und gärt, weil der Vorstand die Empfehlung ausgesprochen hat, besser den Anordnungen zu folgen, um schlimme Konsequenzen zu vermeiden. Einige Empörte sitzen rund um die jeweiligen Weizen in der Vereinswirtschaft und können es nicht fassen:

Übs.: [1] Querschläger vom Gewehr

— Bagaasch! —

"Ea is a soichans Oaschlooch, da Voaschdand, a windlwoachs, eimfeiga Blädox!" – "Des koosdu singa, Bäda, awa i sogda oans, bevoor mia a bloos iangdwos ausramma do drin, wega dem Scheisbrissl, dene Gniabiisla, faarma mia do auffe mid de Gwaar, un na soin se si säiwa ausramma …" – "Gäänauu, wei sunnsd nämle griangs a boor Gweaschläga, woaschdscho, wei mia hammbma fei umbärächnba min Gwaar, gäi." – "Jawoi, unndda Jaggl, dea Griacha voor dene Waansinning, dene Vabrääha, des Oaschwimmal, des ausbaazde, dea ko se glei dazuaschdäin!" – "So schaugds aus, Leid, edz bsuachman, an Jaggl, un na schdanzma eam seine Buzznscheim naus aus seine Fensda, ha!"[2]

[2] „Er ist ein solches Arschloch, der Vorstand, ein windelweiches, ein feiger Blödochse!" – „Das kannst du singen, Peter, aber ich sage dir eines, ehe wir auch nur irgenwas da drinnen ausräumen, wegen dem Scheißbrüssel, diesen Kniepinklern, fahren wir da hinauf mit den Gewehren, und dann sollen sie sich selbst ausräumen …" – „Genau, weil sie sonst nämlich ein paar Querschläger abkriegen, nicht wahr, weil wir so unberechenbar sind mit unseren Gewehren, gell." – „Jawohl, und der Jakob, dieser Kriecher vor

— Bagaasch! —

Schritte; eintritt Jakob, der Vorstand, wedelt mit einem Papier und spricht seine Getreuen freudig erregt an: *„Manna – guade Nachrichdn! Sie hams eigseng. De Sach is vom Diisch! Gä, Lisl, bringsdma a Weizn … und a Rundn fia de Buam – edz waed oogschdessn!" – „Ho-hooo – jaa woosisdees …" „Sauba!" „Waansinn!" „Guad gmachd, Jaggl!" „Seaguad!" „Mia hams imma gsogd – aufn Jaggl iis Valass, deszweng hamman gwäid und des is unsa Mo." „Broosd, soge!" „Gänau – undnaha gemma schiassn …"*[3]

diesen Wahnsinnigen, diesen Verbrechern, dieser Arschpickel, der ausgedrückte, der kann sich gleich mit dazustellen!" – „So schaut es aus, Leute, jetzt besuchen wir ihn, den Jakob, und dann stanzen wir die Butzenscheiben aus seinen Fenstern, was!"

[3] „Männer – gute Nachrichten! Sie haben es eingesehen. Die Angelegenheit ist erledigt! Komm, Elisabeth, bring mir ein Weißbier … und eine Runde für die Jungs – jetzt wird geprostet!" – „Sauber!" „Wahnsinn!" „Gut gemacht, Jakob" „Sehr gut!" „Wir haben es immer gesagt – auf den Jakob ist Verlass, deswegen haben wir ihn gewählt und das ist unser Mann!" „Prost, sage ich!" „Genau – und danach gehen wir zum Schießen …"

— Bagaasch! —

DAS SALZ IN DER SUPPE

Die Wahl des passenden Attributs zum Hauptwort, das, wie wir nun wissen, fast immer nachgestellt ist, erfordert wohl das meiste Gespür beim bayerischen Fluchen auf hohem Niveau. Dabei kann man sich auf keine festen Regeln verlassen, wenn man selbst schöpferisch sein möchte. Es gibt zwar bewährte Wendungen, die man im richtigen Moment anwenden kann, doch wer sich weiter wagt, zu Kreation und Improvisation, wird – bei Gelingen – elysische Freuden erleben. Oft ist es ein Geistesblitz, der das Repertoire ideal zusammenfügt. Attribute sind dabei das Salz in der Suppe – weit mehr als einfache Ausschmückungen oder Bekräftigungen.

Somit haben wir zwei Eckpfeiler: Repertoire und Aufmerksamkeit (man muss auch richtig einschätzen, zu wem man spricht). Hinzu kommt ein kurzes Grundregularium: 1.) Wähle passend! Ein *Gloiffe, hundsheiddana* (S. 55, 87) kann nicht funktionieren, weil der *Gloiffe* nicht raffiniert genug sein kann, um es zu entsprechender Niedertracht zu bringen. *Wuidsau, vadruggde* (Wildsau, hinterhältige) oder *Ramme, hinndakimfdiga* (S. 56, 17) geht natürlich auch nicht. 2.) Alliterationen können funktionieren, leicht aber geht's daneben: *Soachgruamdaucha, dafeida* (Pissgrubentaucher, verfaulter) z. B. für einen zu beschimpfenden Kanalarbeiter, der vergessen hat, den Deckel wieder draufzutun, und man ist mit dem Auto ins Loch gefahren, ist zwar verlockend und klingt hübsch, verpufft aber und ist weniger lustig als z. B. – nageln's uns nicht fest – *Soachgruamdaucha, duaschdiga* (…, durstiger), weil a) das Attribut verblüfft, b) unterstellt wird, die Zielperson sei betrunken, und zwar ständig, und c) er treibt sich da unten rum und säuft das Zeug auch noch.

In den späten 1960er-Jahren gab es von Seiten des bayrisch tradierten und etablierten Bürgertums zwei Bezeichnungen für Individuen der erstarkten Agitprop-„Nichtstuer"-Bewegung: *Gammla* und *langhoorade Dreegsau* (langhaarige Drecksau) … ein *Gammla, langhoorada* wäre natürlich ein rechter Schmarrn gewesen, eine Tautologie wie, sagen wir: „Fußball, runder" oder „Geldgeier, gieriger".

Stirbt das Bairische aus?

Es scheint leider unaufhaltsam zu sein – da ändert unser leidenschaftliches Engagement hier auch nichts mehr. Nun gut. Die einen meinen, dann würde die Welt zivilisierter. Die anderen erfüllt bei dem Gedanken schwere Trauer, weil die Kinder dann von klein auf z. B. aus dem Schimpfwörter-ABC von Käthe Recheis „fluchen" lernen müssen. „Du chronisches Chamäleon", oder „du patentierter Pinselwisch", „du nachtwandelndes Nadelkissen", „du schielender Schuhsohlennagel" usw. – mein lieber Freund und Kupferstecher, da fürchtet man sich vielleicht!

Immer weniger junge Leute werden heutzutage von kundigen Fluch- und Schimpf-Schamanen unserer Landstriche an die Schätze in den bayrischen Kraftworttruhen herangeführt. *„Schaug, Bua, ho hinnd im Egg, newam Bscheishaafal, in dera oidn Kisdn, do finnsd de varammede Kuabriidschn, und do drunnda, wennsd genau hischaugsd, do is des guadeoide Soachbluadsgreizzemenndzefixvodakaddz – schee,*

— Stirbt das Bairische aus? —

gäi!" – *"Aa, Babba, gaaans schee! Griag ii des amoi?!"* – *"Aa feille, wennsd brav bisd!"*.[1]

Selbstverständlich distanzieren wir uns hier vorsorglich. Pädagogisch un-mög-lich!

Und doch gibt es auch unerwartete Lichtblicke, wenn sich eine Situation wie die folgende ergibt: Man hat einen dubiosen Autoaussetzer auf dem Land, schafft es aber noch bis ins nächste Dorf, ja, es gibt eine kleine Werkstatt, man sieht zwei Beinkleider in ölschwarzblau unter einem aufgebockten Wagen hervorragen, sagt *"S'Good – aam – tschuidings ..."* und hört von unten heraus: *"... ja, du Schraumsau, du soachvarossde, wennsd ned mogsd, na hauede min Haggl*[2]

Übs.: [1] „Schau, Bub, da hinten im Eck, neben dem Übersohrhautöpfchen, in dieser alten Kiste, da findest du die zervögelte Kuhschlampe, und da drunter, wenn du genau hinschaust, da ist das Pissblutskreuzzementzefixvonderkatze – schön, gell!" – „Ja, Papi, gaanz schön! Bekomme ich das später?" – „Ja freilich, wenn du brav bist!"

[2] „...ja du Schraubensau, du pissverrostete, wenn du nicht [aufgehen] willst, dann schlag ich dich mit der Axt heraus, und

aussa, unnde Bluadswäin, de schoasvareggde, de koosd glei midneema, na schmeis i eich midanand wiads seids im Booch, na kennds weidadafein, zefixglummb greizunnomoigreizognoglds ..."

Aaah – denkt sich's, man ist bei diesem alten Meister auf jeden Fall in guten Händen, der versteht sein Fach, das hört man gleich ... *"aargh – Scheissdreeg zefixzefix ..."*, und man wiederholt mutiger, vernehmlicher: *"Griasgood – tschuidings – kanndn Sie ..."* – *"... varreggds – wos!? A soo, ja freile ..."*[3], und da kommt er herausgekrochen und – unglaublich! echt? – es ist der Lehrbua, noch nicht volljährig, gibt es das, kann der schon so ... dass ich das noch erleben darf! *"Seawass. Wos hamma Probleme?"*

Von Entdeckerglück berauscht wie Kolumbus vor Hispaniola ist man fest entschlossen, gleich morgen auf dem Nachbargrundstück einen Wohnwagen auf-

die verdammte Welle gleich damit, die furzkaputte, dann werfe ich euch zusammen wie ihr seid in den Bach, dann könnt ihr weiterverfaulen, zefixggelumpe kreuz und nochmal kreuzangenageltes ..."

[3] „Grüß Gott – entschuldigen Sie – könnten Sie ... " – „ ... verrecktes – was!? Ach so – ja sicher ... "

— Stirbt das Bairische aus? —

zustellen und fürderhin dort leben zu wollen, auf dass man von Stund' an die herrlichen Klänge vernähme bis ans Ende der Tage. *„Jamei, dea Wonng muas imb'Weagschdood – ii ko do nix maaha."*[4] Aha?! Was meint er mit Werkstatt?

Wurscht. Wo noch ein Autoschlosserlehrling seine Arbeitsschritte verständlich beschreibt, kein Auszubildender zum Kfz-Mechatroniker englisch daherchineselt, und wo man noch keinen Studienabschluss benötigt, um den Müll runterzubringen – da ist vielleicht doch noch nicht Hopfen und Malz verloren für die bairische Mundart.

---

[4] „Tja, der Wagen muss in die Werkstatt – ich kann da nichts machen."

— Register —

A

Aarrschloch 98
älenndiggs 34
Aufgschdrichane 63
ausbaazd 116
ausgschamda 18

B

Bäädbruada, foischa 86
baddz 63
Bagaasch 106
bäizze 65
Bammbal- 34
bangada 19
Baua 68
Bauandrammbbe 69
Beddoniade 63
Biffe 56
Biisguan 90
Biislgrachal 26
bläda 58, 88, 107
Blädox 116
Bladschaarigfriis 110
Blemmbe 34
Bluad(s)- 16, 34
Bluadskua 36
Bluadsmaschin 51
Bluadswäin 122
Blunzn 21
boanigs 19
Boassraddz 95
Boochraddz 82
Briidschn 90
Brunzkiwedaucha 11, 13
Bscheishaafal 120

D

Däbb 54
dafeida 17
dahaud 64
damisch 36, 38, 61, 77
Deife 9
Dimmbfe 16
Doagaff 59
draamhabbada 62, 105
Drachdnschnoin 24
Dreeghamme 21, 52, 98
Dreegsau 12, 96
dreggads 16
Drrägghammä 98
Drräggsau 96
Drumm 32
Duidschdammfn 22
Dummfgumme 27

E

Eazz- 42
elenndig 95

F

Fäaddefara 89
Faresäa 108
Foddzn 63
Foozn 63
Foozndrumm, owagfoins 15
Frooschaufglauba 107
Fuasfaara 59

G

Gaudefliagabagaasch 88
Glääzn 85

— Register —

Glääznbene 84
Gloiffe 55
Glummb 33
glummbad 15, 106
Gneedlfriedhof 24, 25
Gniabiisla 116
gobbfadoorads 10
Gobbfadoore 10
Grachal 34
Graffe 33
Grammfheena 43, 50, 111
Grantlhuawa 93
greislig 13
greizbianbaam 51
Greizdeifedäbb 94
Greizgruzzäfix 8
Greizgruzzäfix, oognoglda 8
greizognogld 122
Griacha 116
Griaglwascha 26
Grischbal 59
grooskobbfad 92
Gruzzä... Gruzze... 8
Gruzzedüaggn 21
gsäichds 17
Gschaffdlhuawa 67
gschead 21, 52, 56
Gschies 73
Gschmoass 108
Gschoas 73
Gschweall 108
Gschwoikeebf 111
Gsichd wiara obbreinde
  Muizwuaschd 109
Gsoxx 108

Guaglgrammbf 24
Gwaff 106
gwammbad 21

H

Haggoddsabbodäggn 18
hagl(hogl)buachan 19
Hallodri 85
Hanswuaschd 100
haudig 36
Heagod (Heaggodd, Haggodd) 9
Heaschaffd 10
Heenadreeg 38
Heigeing 28
Heiiland 21
Heiimadland 21
Hiambrandla 62
Hiasch 61
Himme 9
Hoanox 12
Hoodan 87
Hoosnbiisla 106
Huanbriidschnsaudräggads-
  mensch 91, 98
Huanglummb, vareggds 40
Huanglummb, varreggdszäfix-
  bluadigs 40
Huawa 68
Hund 87
Hundling 87
Hundsdrumm, glummbads 15
Hundsfodd 21
Hundsglummb 21
Hundsgribbe 54
hundsheiddan 87

— Register —

hundsmisarawligs 12
Huraseich/-soach, bluadiga 38

I
immfluännda 90

J
Jessas 9
Jessasmarianjosef 9, 21

K
Kaddzn- 38
Kadoffelädschn 50
Kanoiraddz 82
Keebf 104
Koinschaufla 49
Kuabriidschn 120
Kuazzefiass 21

L
Läädschn 110
Laadschngfriis 104
laar 88
Lianngbeiddl 19
Loaddagraxxla 74
Loamsoacha 18
Luada 61
luffgsäichds 17
Luia! 9

M
Mäada 100
Maddz, hinndafoddzige 62
Malefiz (Malefiddz) 17
Marda 111

Maßdaischa 26
Meascheina 76
Meensch 82
meineidiga 70
Misdamsl 22
Misdhoofa 36
misdig 62
Missbfink 86
Modooandäbb 59
Moongschoas 42
Muhaggl 59

N
Noagalzuzla 101
Noggn, fade 106
Nudlwoigla 95

O
Oaschgrandl 24
Oaschlooch 59, 98, 116
Oaschwimmal 112, 116
oodraad 65, 96
Oofaäibaua 60

P
Pfundhamme 54

R
Ramme 56
Rimviech 38, 39
Rooz- 67
Roozleffe 54
Ruach 104
Ruam 56
Ruaskooda 50

— Register —

S

Sagglzemennd 17
Saggramennd 8
Säindandla 19
Sauamsl 21, 44
Saubreiss 77, 88
Sauhaffa 109
Sauviech 10
Sauwana Gneedlfriedhof 24, 25
Schäwakisdn 59
Schdrandschdrieze 95
Schdriize 85
schlächd 51
Schmaambääda 60
Schnoin 62
Schoas 73
schoasblodad 36
Schoasdromme 56, 57
Schoaskachal 77
schoasvareggd 122
Schraazn 89
Schraumsau 121
Schwammalkoobf 105
Seffdl, Semmfdl 55
Siedla 107
Soach- 33
Soachbluadsgreizzemenndzefix-
  vodakaddz 120
Soachgrachal 34
Soachgruamdaucha 119
soachvarossd 121
Soiz- 65
Soiznääga 66
Subbmschui 104

T

Trrääggssaauu 98
Trräckckssauu 12

U

unlusdig 107

V

vafluachda, fluachads 92
vamaledeidd 114
varammed 120
varegg 18

W

Waadschn 63
Wiaschdl 61
windiga, windigs 113
woach 89, 116
Wogscheidl 77
Wuidsau 119
Wuisdwoosa,
  zuaweziagada 71
Wuisla 101

Z

Zibbfe 66
Zibbfeboazn 66
Zigareddnbiaschal 77
Ziifan 83
zuagroasd 77
Zuaweziaga 71
zuchdheislad 74
zweagada 12
Zweagalruam 107
Zwidawuazzn 83